UNTER DEINEN FLÜGELN GEBORGEN

Legenden vom Geheimnis der Engel

Herausgegeben von Uwe Wolff

W0197022

Uwe Wolff (Hg.)

Flügeln UNTER DEINEN GEBORGEN
Legenden vom Geheimnis der Engel

HERDER

FREIBURG · BASEL · WIEN

INHALT

VORWORT

Der kleine Johannes spielt im Sandkasten. Manchmal blickt er hinüber zur Bank, wo sein Vater sitzt und in einem Buch liest. Das gibt ihm ein Gefühl der Geborgenheit. Ohne dieses Urvertrauen könnte er nicht die Welt erkunden, die Blumen am Rand des Spielplatzes riechen, die fremden Kinder sehen, neue Stimmen aufmerksam hören, den Sand schmecken, den schwarzen Pudel anfassen. Unsere Sinne entfalten sich nur, wenn sich unsere Seele geborgen weiß, weil sie in Gefahren einen Ort der Zuflucht hat. Das Kind steht aus dem Sandkasten auf und läuft in die Arme seines Vaters, die kleinen Enten schwimmen hinter der Mutter her, die Küken suchen Zuflucht unter den Flügeln der Henne, die jungen Füchse verkriechen sich mit der Fähe im Bau. Bald strecken sie wieder neugierig ihre Nasen heraus.

Was lebt und atmet, ist Gefahren ausgesetzt. Deshalb braucht alles Lebendige Orte der Zuflucht. Gut, wenn Vater und Mutter, Freund und Nachbar erreichbar sind. Aber der Mensch lebt nicht nur von der Erde, er weiß auch von der unsichtbaren Welt. Aus ihr kommen die Engel, Boten Gottes. Von der Kindheit bis ins hohe Alter sind sie uns als Begleiter zur Seite gestellt. Wir leben unter ihren Flügeln geborgen – auch wenn wir es nicht immer wissen oder spüren. Die mahnende Stimme des Gewissens, der treue Blick des Tieres, die plötzliche Begegnung, Momente der

Freude, der neue Blick auf längst Vertrautes; in uns, über uns und neben uns erklingt das Wort des Engels. Noch mehr aber haben Menschen die Stimme des Engels in gefährlichen Situationen, Momenten der Angst und des Schmerzes vernommen. Engel malen keine heile Welt, sondern sie zeigen als Boten Gottes das Heil über der Welt. Dafür öffnen sie uns die Augen der Seele.

Das Küken sieht die Flügel der Henne. Die Flügel des Engels aber sind für die menschlichen Augen unsichtbar. Im Buch Tobit erzählt das Alte Testament von Tobias, der viele Wochen mit einem jungen Mann zusammen ist. Gemeinsam sind sie auf der Reise. Sie teilen die Mahlzeiten und schlafen in einem Zimmer. Erst am Ende der Reise entdeckt Tobias, dass sein Begleiter der Schutzengel Raphael gewesen ist. Tobias' Augen blieb die wahre Gestalt des Engels verborgen. „Einen Engel erkennt man erst, wenn er vorübergegangen ist", sagt man in Israel. Gottes Engel stehen oftmals unerkannt über und neben uns. Doch wenn wir innehalten und unseren Lebensweg bedenken, dann können wir den Worten des Dichters Joachim Neander zustimmen:

„In wie viel Not
hat nicht der gnädige Gott
über Dir Flügel gebreitet!"

Dies Buch lauscht dem Flügelschlag der Engel. Erinnerungen von Menschen an ihre Kindheit, an Weggefährten, an große und kleine Liebeserfahrungen laden zum Innehalten und Nachdenken über die Spur des Engels im eigenen Leben ein. Wo Licht leuchtet, gibt es Schatten. Engel helfen uns, auch die dunkle Seite des Lebens anzunehmen. Deshalb darf hier der Blick auf kritische Lebensphasen nicht fehlen. Denn in guten und bösen Tagen ist Gottes Engel an unserer Seite, wie der Psalmist sagt:

„Unter dem Schatten Deiner Flügel
hab ich Zuflucht."
(Psalm 57,2)

Engel sind heilig. Die sechsflügeligen Cherubim und Seraphim umstehen den himmlischen Thron und verbergen mit ausgebreiteten Flügeln Gottes Antlitz vor den Blicken der Menschen. Wenn einer dieser heiligen Engel in sichtbarer Gestalt auf der Erde erscheint, wird die Größe und Macht Gottes fühlbar. Der Mensch reagiert mit Gottesfurcht wie der Prophet Jesaja oder die Jungfrau Maria bei ihrer Begegnung mit Gabriel. Aber nicht jeder Engel in diesem Buch ist heilig und Ehrfurcht gebietend. Mancher Dichter schreibt mit der himmlischen Feder des Humors und des befreienden Lachens. Erzähler aus der untergegangenen Welt des osteuropäischen Judentums und der islamischen Welt sind darunter, denn die Engel sind in den Schwesterreligionen des Christentums gleichfalls beheimatet.

Mögen in dieser kleinen Blütenlese aus dem unergründlichen Blumenmeer der Engel auch viele Formen und Farben enthalten sein, die Sinne und Seele der Leser erfreuen und für die Stimme des Himmels aufschließen!

Bad Salzdetfurth, Ostern 2014   *Uwe Wolff*
Haus Sonnenschein

KINDERWELTEN

DER ENGEL GABRIEL
STILLT MOHAMMED

Abu Ibrahim erzählt: „Im Namen Gottes, des Barmherzigen, des Allerbarmers. In den Geschichten der Völker wird seit alten Zeiten viel Wunderbares berichtet, und manches ist darunter, was einfache Menschen nicht glauben wollen. Aber Gott, der Allweise, ist der Mächtigste und der Gütigste, und er versteht es, die Dinge so zu ordnen, dass sie sich günstig entwickeln."

Nie aber ist etwas so Seltsames geschehen wie um die Zeit der Geburt des Propheten.

Man muss wissen, dass die Eltern Mohammeds auf der Reise waren, als die Mutter den Propheten noch nicht geboren hatte, sondern in ihrem Schoße trug.

Die Mutter hatte bereits unter ihrer Schwangerschaft eine Stimme gehört, welche ihr ankündigte, ihr Sohn werde einmal Herrscher und Prophet seines Volkes werden.

Die Eltern hatten sich einer Karawane angeschlossen, doch entstand ein gewaltiger Sandsturm, und das Kamel, auf welchem die Schwangere ritt, und der Mann verloren die Spur und gerieten in eine wüste Gegend, wo sich vor ihren Augen plötzlich eine Höhle auftat.

Sie gingen in diese Höhle hinein, und der Mann half seiner Frau vom Kamel herunter und bereitete ihr ein Lager an der geschütztesten Stelle. Die Frau aber merkte, dass die Stunde der Geburt nahe war.

Und plötzlich zuckte ein großer Blitz vom Himmel, der den Vater blendete, und die Mutter gebar ihren Sohn Mohammed.

Kurz danach verstarb die Mutter.

Danach erschienen zwei Engel mit einem Korb voll Schnee aus dem Paradies, und mit diesem Schnee wuschen sie das Kind, dessen Nabelschnur bereits durchschnitten und das bereits beschnitten war. Sie wuschen das Kind inwendig und von außen, sodass es selbst weiß wie Schnee glänzte.

Dann sah der Vater einen dritten Engel erscheinen, und das war der Engel Gabriel.

Er sagte zum Vater Mohammeds: „Ich bin vom Himmel gesandt, um den Knaben zu stillen, da er keine Mutter mehr hat."

Und der Mann sah, wie der Engel Gabriel dem Knaben einen Finger in den Mund steckte, und wie das Kind zu saugen begann.

Und von da an erschien der Engel Gabriel jeden Morgen und jeden Abend mit den andern beiden Engeln. Indes die Engel dem Mann zu essen und zu trinken brachten, stillte der Engel Gabriel den Knaben, bis er so groß und stark geworden war, dass er keine Muttermilch mehr benötigte.

Dann befahl Gabriel dem Vater, das Kind Mohammed zu seinem Großvater zu bringen, und nachdem er dies getan hatte, starb der Vater, denn wer so viel gesehen und erlebt hat, vermag die irdischen Dinge nicht (mehr) zu ertragen.

Mascha Kaléko

AN MEINEN SCHUTZENGEL

Den Namen weiß ich nicht. Doch du bist einer
Der Engel aus dem himmlischen Quartett,
Das einstmals, als ich kleiner war und reiner,
Allnächtlich Wache hielt an meinem Bett.

Wie du auch heißt – seit vielen Jahren schon
Hältst du die Schwingen über mich gebreitet
Und hast, der Toren guter Schutzpatron,
Durch Wasser und durch Feuer mich geleitet.

Du halfst dem Taugenichts, als er zu spät
Das Einmaleins der Lebensschule lernte.
Und meine Saat, mit Bangen ausgesät,
Ging auf und wurde unverhofft zur Ernte.

Seit langem bin ich tief in deiner Schuld.
Verzeih mir noch die eine – letzte – Bitte:
Erstrecke deine himmlische Geduld
Auch auf mein Kind und lenke seine Schritte.

Es ist mein Sohn. Das heißt: er ist gefährdet.
Sei um ihn tags, behüte seinen Schlaf.
Und füg es, daß mein liebes schwarzes Schaf
Sich dann und wann ein wenig weiß gebärdet.

Gib du dem kleinen Träumer das Geleit.
Hilf ihm vor Gott und vor der Welt bestehen.
Und bleibt dir dann noch etwas freie Zeit,
Magst du bei mir auch nach dem Rechten sehen.

Uwe Wolff

WAS KINDER ÜBER ENGEL DENKEN

Engel dürfen nicht lügen, sonst kriegen sie Ärger mit dem Nikolaus.

Wenn Gewitter ist, und es donnert, dann sagt man ja auch, die Engel spielen im Weltraum Kegel.

Die Engel, die singen immer. Das sind welche, die haben Chorengel gelernt. Und der Ober-Chorengel hat es vom Weihnachtsmann beigebracht bekommen.

Es gibt manche Engel, die passen im Himmel auf, die sind von der Bibelpolizei. Die beschützen die Leute. Es gibt auch Schutzengel, wenn einer auf der Autobahn zu schnell fährt. Dann kann der Engel manchmal helfen, manchmal auch nicht.

Mit seinen Schutzengeln reden kann man nur in Gedanken. Denn den Engel kann man nicht sehen, weil er unsichtbar ist. Aber es reicht schon, wenn man ganz viel an ihn denkt, dann versteht er einen schon.

Engel, das sind Kinder und Erwachsene. Denn ein Engel kann man werden, wenn man stirbt. Das ist dann nicht so traurig. Und es sterben ja auch Kinder und Erwachsene.

Die Engel sind unsterblich. Sie sehen immer jung aus und werden nicht alt wie wir.

Im Herbst, da kommen die Engel raus. Da gehen sie in die Stube, wo sie basteln können und sägen. Das machen sie dann bis zum Heiligen Abend. Danach ruhen sich die Engel das ganze Jahr aus.

Die Engel, die haben weiße Nachthemden an mit lauter Spitze. Und die haben goldene und silberne Flügel und goldene Haare.

Ich würde gern einmal wissen, was die Engel für Geschenke kriegen. Und dann kriegen die vielleicht selbst gar nichts. Denen müsste man auch mal was schicken. Aber vielleicht können sie auch gar nichts kriegen, weil die unsichtbar sind. Und der Nikolaus kann ihnen im Himmel auch nichts geben, weil die Päckchen nämlich runterfallen würden.

Im Winter, wenn der Himmel rot ist, heißt es ja auch, die Englein im Himmel backen Kuchen.

EINE KINDHEIT

Inmitten meines Treibens war es gewiss zum Heil, dass nun die Vorbereitungen zur ersten Beichte begannen; durch kein anderes Ereignis konnten die wahnhaft gerichteten Seelenkräfte besser gesammelt und umgeordnet werden. Anfangs freilich suchte ich der Sache zu entkommen, indem ich behauptete, ich könne mich durchaus an keine Sünde erinnern, wüsste auch bestimmt, dass der liebe Gott mir alle längst verziehen habe; bald aber, aufgeschreckt von mütterlichen und priesterlichen Zurufen, verfiel ich ins Gegenteil, zumal da mir die Mutter mein Gewissen erforschen half. Unbewusst verfeinerte ich nun den Blick und erkannte betrübliche Flecken, wo sich bisher ein helles Feld vergnüglicher Vergangenheit ausgebreitet hatte. Dämonisch rettend aber trat im Nu der eingeborene Spielgeist hinter die scheinfromme Grübelei, und als ich ein hübsches Notizbuch erhielt mit der Empfehlung, meine Fehltritte zu klarer Übersicht einzuschreiben, da freute mich sehr bald das Bekritzeln der weißen Blättchen. Immer emsiger suchte ich nach begangenen Freveln und verzeichnete jeden Fund mit der Genugtuung des Sammlers, der Insekten fängt und aufspießt. Ich bediente mich dabei meiner geheimen Schrift und malte mancherlei Sternchen und Blümchen vignettenartig zwischen die sauber nummerierten Einträge.

Nun ist es mit Gewissenserforschung und Bekenntnis nicht abgetan; was die Kirche vor allem fordert, ist die Reue. Schmerz über die begangenen Sünden muss die Seele ergreifen; die Beichte wird sonst nichtig und ihr Segen zum Fluch. Damit ich mich ungestört meiner Bekehrung widmen konnte, wurde ich täglich eine Nachmittagsstunde lang in ein Kämmerchen eingesperrt, das auf den Hof hinaus lag, und niemand war erlaubt, das Beichtkind zu stören. Von Andacht, von Erhebung des Herzens hatte ich Ahnungen: Sie kamen ungewollt bei Spiel und Arbeit, beim Kirchen-Chorgesang, beim Anschauen der Toten, oder wenn ich im Sturm über ein Feld lief, dann plötzlich still stand und das Rauschen meines Blutes noch stärker hörte als das Flattern der Luft. Gerade jetzt aber, wo mein ganzes Heil davon abhing, wollten sich nie die Gedanken auf den Unsichtbaren einigen. Ich sah den Schornsteinfeger aus einem Rauchfang steigen, ließ mich mit Spinnen und Fliegen ein, und je mehr ich mich zu frommer Stimmung verpflichtet fühlte, desto närrisches Zeug lief mir durch den Sinn, das Gebet zerfiel auf den Lippen. Seele ist weithin verteilbar, aber je weiter verteilt umso mehr gebunden; sie müsste sich erst zum Kristall zusammenzuziehen, wenn sie sich ohne Rest lösen sollte.

Aber auch hier war das Rettende nicht weit. In einem Fach fand ich ein altes Album; darin lag das Bild eines jungen Mädchens von so wunderbarer Schönheit, dass ich erschrak. Ich hatte einmal von einem Königssohn gelesen, der beim Anblicken eines Frauenbildes vor Liebe wie tot niederstürzte, und kein Wort jenes Märchens schien mir von nun an zu viel gesagt. Was alle anderen Gesichter nur versprachen, in diesem war es erfüllt. Jeden Tag beschaute ich die Fotografie, und nur tiefer wirkte der Zauber, als ich vernahm, das Mädchen sei längst gestorben. In solchen Augenblicken des Betrachtens war alle trügende Leerheit und Lauheit aufgehoben, und wenn ich dabei die vorgeschriebene Formel der Reue und des guten Vorsatzes vor mich hinsummte, so fühlte ich im Innern alles zugegen und verbürgt, was die Worte versicherten.

Endlich kam der wichtige Nachmittag, und wieder war es der Bann eines menschlichen Antlitzes, welcher der schwachen Seele zu Hilfe kam. Als ich mich dem hohen schöngeschnitzten Beichtstuhl näherte, sah ich nicht unseren erwarteten und halb erfürchteten alten Benefiziaten darin sitzen, sondern einen jungen Aushilfspriester, den ich nicht kannte. Eben entließ er ein Beichtkind; er bemerkte mein Heranzögern und winkte mir. Bleich und ernst, mit klaren, etwas traurigen Zügen gemahnte

er mich an einen der zwei weißen steinernen Engel, die draußen überlebensgroß am Portale standen und den Gläubigen
ihre runden Becken voll geweihten Wassers darhielten; von seinem sonnengestreiften Chorhemd aber ging ein Geruch aus
wie von den gebleichten Wachsstückchen auf jenem grünen
Rasen. Ich kniete hin, bekreuzigte mich und flüsterte den ein-
leitenden Spruch. Dass ich mich unverhofft dem seraphgleichen
Fremden gegenüber befand, gab mir eine nie geahnte Sicherheit
und Freiheit. Kein kleinliches Wissen um das Persönliche störte, Geheimnis wob, es war wirklich ein Abgesandter Gottes, vor
dem ich kniete und bekannte. Zum ersten Male fühlte ich, dass
wenig daran lag, ob die eine oder andere Verfehlung vergessen
worden; selig stand ich in glühender Mitte des Symbols. Zuwei-
len vergaß ich zu flüstern und klagte mich laut und umständlich
der unübersehbaren im Notizbuch verzeichneten Sünden an,
bis er schließlich das Verfahren kürzte und mich durch Fragen
zu präzisen Antworten zwang. Was er mir am Ende zu hören
gab, war weder Vorwurf noch Drohung, nur eine Mahnung, jeden Morgen das Denken und Tun des Tages dem Höchsten zum
Opfer zu bringen, mich aber nicht zu sehr zu quälen, der Herr
des Himmels und der Erde verlangte nichts Übermäßiges von
einem Kinde. Mit rascher Segnung fand ich mich unversehens
entlassen, zu früh für mein bedürftiges Gemüt, dem auch die
auferlegte Buße allzu gering erschien. Wie gern wäre ich immer

bei dem fremden Priester geblieben!
Alles Böse, Ziehende war hin, das ganze Wesen Freiheit, Schwung und gute
Tat, solang ich vor ihm kniete. Während
ich mich unschlüssig erhob, stießen und
schwätzten schon andere Knaben dicht
hinter mir, ich sah noch mit fast eifersüchti-
ger Regung, wie er dem nächsten winkte, und ging in sonder-
barer Trunkenheit aus der Kirche.

Von den Wochen, die nun folgten, überliefert mir das Ge-
dächtnis nichts; doch ging ich künftig der Beichte aus dem
Weg, so gut es die Wachsamkeit der Erzieher zuließ. Vielleicht
ahnte mir, dass mich der Strahl der Gnade nicht ein zweites
Mal so mächtig treffen würde; auch rief mir mein pedantisch-
banales Sündenbekenntnis in der Erinnerung jedes Mal einen
faden Geschmack hervor, als hätte ich gerade das verschwiegen,
worauf es einzig angekommen wäre. Und hätte dieses Gefühl
unrecht? Das wahrhaft Unheimliche, Grausame, das wohl einmal aus einem Kinde zückt, entsteht es nicht in tiefer Unschuld,
fern von Gedanken und Worten, dem Göttlichen gleich? Auch
dieses ist ja nicht immer fest verhaftet, weder an Tempel noch
Namen; oft schwimmt es als ein Hauch zwischen Liebenden
und Hassenden, und die verworrenste Stunde kann es anziehen
wie den Blitz. Kinder aber wie Große opfern dem Unbekann-

ten gern. Der Knabe scharrt sein liebstes Spielzeug im Garten ein und gelobt sich, es nie wieder auszugraben. Die Blumensamen, mit denen er den Heimgarten ehrfürchtig sparsam umzugehen gelernt hat, er stiehlt sie, trägt sie fort und streut sie verschwenderisch am Saum des Moores aus, vorfühlend allen Schauer des Wanderers, den am ödesten Ort ein unverhoffter Flor von Verbenen und Petunien überfallen wird.

Vielleicht hätte ich den Geschmack an der Beichte nicht so bald verloren, wenn jener junge Priester noch länger in Kading geblieben wäre; aber nie wieder kam er mir zu Gesicht. Unbewusst übertrug ich jedoch mein Vertrauen auf seinen steinernen Bruder, den gewaltigen Engel, der an der Kirchentüre das Becken mit dem Weihwasser hielt. In Minuten innerer Bedrängung suchte ich heimlich seine Nähe, besonders zur Dämmerzeit, und nie ohne Trost. Ein Blick in die feierliche Trauer seines Antlitzes, eine rasche leichte Berührung seines Gewandes gaben der Seele mehr Ruhe als die oft unwirschen Worte der Lebendigen, die doch nie das Rechte meinten.

Cécile Ines Loos

DER WEIHNACHTSENGEL

Als ich vier Jahre alt war, sah ich ihn zum ersten Mal. Er saß auf einem grünen Samtfauteuil im Salon. Vor mir türmte sich eine Masse von weißen Schleiern auf, in der ich nach und nach zwei Hände entdeckte, ein wenig knochig zwar und rötlich, und die eine trug einen Verlobungsring. Aus der ungeheuren Fülle dunkler und künstlich frisierter Locken schaute ein Gesicht hervor wie aus einem Wald. Auch dieses war rötlich in der Färbung, mit einer gewissen auffallenden Schräge in den Wangen, einer Hakennase und munteren Kugelaugen. Indessen ist es meist nicht so wichtig, wie die Sache aussieht, sondern nur, was sie vorstellt. Hätte man mir gesagt, das Fräulein sei verlobt mit Herrn Soundso, ich hätte das ohne Weiteres geglaubt, aber nun war das der Weihnachtsengel oder das sogenannte Christkind. Schließlich aber ist man auch nicht umsonst ein Kind unter Erwachsenen, und ich fühlte deutlich meine Pflicht, diesen Engel sofort und spontan jubelnd als solchen zu verkünden. Stattdessen sagte ich etwas kleinlaut und gegen meine Vernunft: „Ist das nicht das Fräulein Soundso?"

„Aber Kind, aber Kind", sagten die Erwachsenen mit sanftem Vorwurf, gleich im Chor. „Denke doch auch!" – Innerlich blieb ich zwar sicher, dass dies niemals ein Engel, sondern eben das Fräulein Soundso war. Hätte nicht ein richtiger Engel mich auf diese verfängliche Frage hin mit gebogenem Zeigefinger an sein Herz gerufen und gesagt: „Fürchte dich nicht, mein Kind, ich bin der Engel Gabriel!" Und wieso wäre dieser Engel ausgerechnet in meiner Abwesenheit in unsern Salon geflogen, und weshalb musste Anna, die an der Türe stand, so furchtbar lachen, als ich den Satz mit dem Fräulein hervorbrachte? – Das hätte ich wissen können. Aber wie gesagt, ich war noch zu jung, um tödlich sicher zu sein in meiner Wahrnehmung. Und so wollte ich wenigstens den Abgang des Engels kontrollieren, dessen Ankunft sich mir so geheimnisvoll verborgen hatte. Im positiven Fall, dass es sich um einen Engel handelte, war ich bereit, die unglückliche Verknüpfung mit dem Fräulein Soundso sofort zu revidieren. Ich fühlte deutlich, dass ich eine Bresche in den guten Glauben an die sichere Welt eines Kindes in diesen Kreis der Erwachsenen geschlagen hatte.

„Sag jetzt schön dein Verschen auf", mahnte die Stimme der Großmutter, „und vor allem: Tritt nicht so nah an den Engel heran, das sind himmlische Wesen!" Mein Verstand war noch klein und nur ungefähr so breit wie eine Nadelspitze. Ich hatte einige Mühe, meine Argumente in Schach zu halten, während

ich voller Gottvertrauen und fehlerfrei mein Verschen hersagte. Ich glaubte sogar, es ging jenen Theologen nicht unähnlich, als sie sich eines Tages darum stritten, wie viele Engel auf einer Nadelspitze Platz hätten. In meinem Fall waren es mindestens dreitausend, wenn ich sie hätte ausbreiten dürfen.

Aber der Engel auf dem grünen Samtfauteuil? Weshalb glaubte ich nicht an den falschen Engel? Weil ich unbedingt an den richtigen glaubte. Aber war der nicht dennoch da? Und zwar trotz des Fräuleins Soundso? Der richtige und der wahre Weihnachtsengel, der zu allen Kindern kommt? In die tiefe Stille von zwölf Menschen, samt dem Christkind und mir, sagte ich feierlich mein Verschen auf: „Ich bin noch klein, mein Herz ist rein ...“

Und es war doch der wahre Engel, der mich ansah. Von den Kerzen tropfte das Wachs, und die Lampen im Zimmer sind verlöscht. Ein Zweiglein knistert, im Dunkeln leuchten rote Kugeln. Ein goldenes Reh an einem silbernen Häklein schaukelt leise hin und her, als käme es durch den Tann geschritten. Hinter dem Reh folgt ein kostbarer Schlitten, und darin sitzt das Weihnachtskind. Rechts und links von seinem Weg stehen Engel Spalier und tragen gelbe Kerzen in den Händen. Das ganze Zimmer ist lauter Duft und Glanz. Meine Mutter singt am Klavier: „Stille Nacht, heilige Nacht ...“, und wir singen mit. Leise und ungesehen ist der Weihnachtsengel aus dem Salon verschwunden. Ich habe ganz vergessen, seinen Abgang zu kontrollieren.

Dann gab es auch in der Kirche ein Weihnachtsfest. Nun ging ich bereits zur Schule, und von einem Betrug war keine Rede mehr. Schulkinder wissen, was Weihnachtsengel sind und Osterhasen. Eine Dame der Bekanntschaft hatte mich mitgenommen. Wir saßen zusammen auf der Empore. Geschenke wurden ausgeteilt an irgendeine Schulklasse. Das Christkind würde persönlich erscheinen. Ein riesiger Tannenbaum stand kerzengeschmückt im Chor. Draußen wurde es Nacht, und plötzlich kam der Engel herein. Ein Herr im Frack gab ihm den Arm, und ich glaube, es war der Turnlehrer. Mit Schwung steuerte er das Christkind an seinen Platz unter dem Baum. Mein Bewusstsein war nun doch nicht mehr nur so breit wie eine Nadelspitze. Ich konnte schon etliches vertragen. Vielmehr war das Terrain meines Denkens schon eher eine Plattform wie etwa der Bahnhof meiner Heimatstadt. Auf diesen Perrons wälzte ich meine Argumente wuchtig hin und her wie eine Kegelkugel. Ich trug nun weißwollene Strümpfe wie andere Schulkinder, und sie reichten bis ans Knie. Dort blieb ein Stück Haut leer und unbedeckt. Ich saß neben der Dame und pflanzte meine Hände solid auf meine nackten Knie: Fleisch von meinem Fleisch und Blut von meinem Blut. Auf Meinungen von Damen gab ich nichts mehr. Wieso hatte es der Weihnachtsengel nötig, sich von einem Herrn im Frack hereinführen zu lassen? Konnte er denn nicht selber fliegen, frei durch die Luft? Mit den Händen auf den Knien fühlte ich die unvergängliche Sicherheit eines Erzengels in mir. Vor dem Tannenbaum breitete er die Schleppe aus. Eine Lehrerin reichte ihm aus dem Waschkorb ein Geschenkpäcklein nach dem andern und rief laut den Namen des betreffenden Kindes. Wozu brauchte ein Engel einen Korb, und konnte er nicht selber rufen, fragte ich mich. Können ihm die Geschenke nicht von andern Engeln unsichtbar übergeben werden? Nein, das war kein Engel. Das war ein Mensch! Grob rollte die Kegelkugel des Bewusstseins hin und her.

„Siehst du die goldene Krone des Christkindleins?", fragte freundlich die Dame neben mir. „Und seine weißen, zarten Hände? Hörst du seine himmlische Stimme, wenn es dem Kind das Geschenklein gibt?" Ich hörte nichts. Ich sah nichts. Sie hoffte, dass ich es glaube. Von der Schule her hatte ich schon eine gewisse Haltung gewonnen dem Leben gegenüber. Nun rückte ich nicht mehr mit dem blöden Argument hervor: „Ist es nicht am Ende das Fräulein Soundso?" Ich kannte sie nicht, und es war mir egal. Vielmehr lächelte ich verbindlich und glaubte alles. Die Dame war entzückt. „Gelt, so ein schönes Weihnachtskind hast du noch nie gesehen?" Ich saß da in meinen weißen Wollstrümpfen und hielt mich an meinen bloßen Knien. Die kamen mir vor wie Türme des Glaubens. Fleisch von meinem Fleisch und Blut von meinem Blut.

Der Engel schwebte am Arm des Turnlehrers hinaus. Vor der Kirchentür machte er eine Extrakurve. Durch einen Spalt sah man noch Locken und Schleier. Draußen war es stockdunkel, die Orgel spielte leise, als ob sie träumte.

Tausend Engelein mit bloßen Füßen begleiten das Christkind zur Tür hinaus. In ihren Händen tragen sie Glöcklein und Trompeten und silberne Triangel. Ich glaube fast, irgendwo schreit noch das Eselein. Plötzlich riecht es nach Heu und Kerzen und Äpfeln. Leise, im Luftzug der offenen Tür, drehen sich große, bunte, gleißende Kugeln wie Welten, und vom hohen Wipfel der Tanne fließt das Licht eines mächtigen Sterns herab. Nein, das Christkind und der Stern sind keine Märchen. Ebenso wenig wie die Sonnenblumen, die sich nach dem Lichte drehen, und ebenso wenig wie die Mondstrahlen, die über die Wellen eilen. Sie sind nur andere Wirklichkeiten als diejenigen, die wir meistens meinen. Duft ist etwas, und Glanz ist etwas, und Liebe und Freude. Wenn ich an die Argumente denke, so glaube ich noch heute, es haben mindestens dreitausend auf einer Nadelspitze Platz. Aber der höheren Wirklichkeit gegenüber haben sie nichts zu bedeuten. Ich glaube nicht einmal daran, dass man durch Argumente einen Krieg ungeschehen machen kann. Wollte man ihn auf sein Entstehungsmoment untersuchen, so brauchte es so viel Zeit, dass längstens wieder ein neuer Krieg ausbrechen könnte. Ich glaube, es würde eine endlose Zeit vergehen, bis allen endlich alles klar wäre. Und der Sinn des Lebens ist anders. Was wir einander schenken und geben, schafft eine andere Welt, als was wir bloß erraffen und erzwingen von andern. Das eine ist die Welt des Göttlichen in uns, das andere die Welt des Bösen.

Neben mir sitzt ein Kind. Wir haben den Tannenbaum angezündet. Die Lampen sind gelöscht, und die Kerzen flimmern lockend im Dunkeln. Ein wenig Wachs tropft der Puppe auf die Nase. Im Hintergrund spielt eine kleine Musik und begleitet die Stille. Das Kind legt beruhigt seine kleinen Rosafinger in den Schoß und sagt: „Jetzt ist es endlich allen wohl." Durch den Tann schreitet das goldene Reh. Am Häklein zieht es den Silberschlitten nach sich. Das Christkind sitzt darin, und rote Kerzen stehn Spalier. Oder fahren wir vielleicht alle mit: du und ich, ins Weihnachtsland? Und könnte es am Ende nicht so herauskommen, dass eines Tages all die geahnten und lieben Dinge die strahlende Wirklichkeit wären und dafür alles das, was wir jetzt gelten lassen müssen und uns sogar davor fürchten, dass es ewig gelte – uns nur noch vorkommen könnte wie ein ferner, finsterer Tann, den wir für immer verlassen? Und das Ende wäre: Friede auf Erden!

Von Weihnacht zu Weihnacht ein Stückchen näher ...

Paul Konrad Kurz

EIN GROSSES FLÜGELDACH

Früher haben sie ihre Hände
an Glockenseile gehängt
Sie sind gehüpft wie Ministranten
Jeder Pfarrer turnte mit ihnen
Sogar die Mütter sprachen
mit den weiß Gewandeten per du

Sie warteten auf ihren Dreikäsehoch am Bach
Sie schielten am Wirtshaus um die Ecke
Mit den Bauern fuhren sie aufs Feld
Sie behielten die Gespanne im Auge
wenn der Knecht mal austreten ging
Für ein Kreuzzeichen
begleiteten sie uns zur Schule

Im Winter trugen wir ihnen die Schlittschuh
Den Apfel auf dem Weiher
haben wir ohne sie gegessen
Wir dachten an keine größere Geschichte

Ich glaube sie litten keinen Hunger
Sie bekamen keine kalten Füße
Und auch die Schuhe machten sie nicht kaputt

Die Raunächte überließen sie
irgendwelchen Gesellen
Aber in der fröhlichen Nacht
kannten sie alle Kinder
Scharenweise sangen sie
auf den Fluren des Dorfes B.
Später einmal im Jahr in allen Dörfern
Sie erlaubten dass man sie grüßte
Keiner weiß wie sie bei diesem Service
mit ihrer Zeit zurecht kamen

Ich habe sie noch an Bahngleisen gesehen
Sie ließen uns nicht auf
fahrende Züge aufspringen
Sie kannten unser Schuhwerk

Schwierigkeiten gab es
als wir aufs Fahrrad umstiegen
Wir fuhren zu schnell zu unbedacht
oder zu stürmisch

Erst als wir die ‚morschen Knochen'
zittern ließen
gefiel es ihnen nicht mehr bei uns
Sie entfernten sich ohne Demo
aus unseren Bildern
Die Federweißen ließen die Frommen
einfach stehen und fuhren
ihre eigene Richtung

Ich erzähle das mit Bedauern
Denn als unsere Väter zu Gewehren griffen
schlugen sie es ihnen nicht aus der Hand
Schade dass sie sich damals nicht einmischten
Vielleicht wäre weniger Unglück geschehen
Seither zweifeln die Mütter
an der Verlässlichkeit ihrer höheren Ammen

WEGGEFÄHRTEN

Agnes-Marie Grisebach

EIN ENGEL?

Diesmal waren wir die Einzigen, die in dem großen Haus wohnten, und ich fühlte mich entsetzlich verlassen und einsam. Mein Optimismus und mein bisheriger Lebensmut hatten mich ganz verlassen. Ich fühlte mich nur noch zu Tode erschöpft und ausgebrannt. Ich hatte kein Brennholz für den Winter, weil ich mich diesmal darauf verlassen hatte, es mit Zigaretten kaufen und vom Ortelsburger Jungen holen lassen zu können. Das Obst des Gartens war nicht, wie sonst, eingeweckt, sondern an die Gäste verkauft worden. Das bisschen Sirup aus den eigenen, im Garten gezogenen Zuckerrüben füllte nur wenige Gläser. Um die Hungerrationen zu kaufen, die es auf die Karten für Nichtarbeitende und Kinder gab, fehlte es an Geld, zum Tauschen fand sich nichts, aber auch gar nichts mehr im Haus, und für den Schiebehandel wie im vergangenen Jahr fehlten mir die gesundheitlichen Kräfte. Abgesehen von der Herzschwäche durch die

Diphtherie machte sich nun infolge der überschweren Arbeit der letzten drei Jahre ein Wirbelsäulenleiden schmerzhaft bemerkbar. Als Antwort auf meine schriftlichen Hilfeschreie an Ulrich kamen heitere Schilderungen von Premieren und Konzerten, zärtlich witzige Zettelchen an Judith mit Grüßen an die Geschwister und einmal die Nachricht, er sei in den engen Gassen Heidelbergs auf dem Bürgersteig von einem Auto angefahren worden und liege im Bett. „Aber keine Sorge, Unkraut vergeht nicht!"

Judith und Cornelia waren jetzt zehn und neun Jahre alt und für ihr Alter sehr selbständig und verständig. Das abenteuerliche Spielen auf dem riesigen Schiffswrack am Strand mit der übrigen Dorfjugend war eine hervorragende Schulung in sozialer Kommunikation gewesen. Feste Freundschaften waren dabei entstanden, durch gegenseitiges Bekämpfen und gegenseitiges Erretten aus Gefahren. Das Schwimmen hatte sie gesundheitlich gekräftigt, trotz der Mangelernährung. Die Pflicht zur Beaufsichtigung der beiden kleinen Schwestern hatte ihr Verantwortungsbewusstsein wachsen lassen, und die häufige Abwesenheit der Mutter hatte alle vier zu einer festen Notgemeinschaft miteinander verbunden. Es war nicht von wechselnden Erwachsenen an ihnen herumerzogen worden, einzige Bezugsperson war nur ich gewesen, und ich hatte mir alle erdenkliche Mühe gegeben, mit ihnen fröhlich zu sein und mir Freuden auszudenken. Ich sah mit Staunen, dass kindliche Körper Entbehrungen, Hungern und Frieren lange Zeit ohne Mangelerscheinungen überstehen können, wenn sie viel lachen und sich freuen dürfen. Die Redensart „Sie leben von Luft und Liebe" entspricht wohl einer uralten Erfahrung. Allerdings wurden die beiden Großen besser mit dem Hunger fertig als die Kleinen. Betty bekam doch einmal recht unappetitliche, nässende und eiternde Hungerödeme und Susi bekam ein Hohlkreuz, weil ihr dicker, aufgequollener Suppenbauch schwer zu schleppen war.

Nun rief ich die beiden Großen zu mir, erklärte ihnen die verzweifelte Lage und ratschlagte mit ihnen, wie Abhilfe geschaffen werden könnte. Judith hatte einmal zu meinem Geburtstag gedichtet: „Muttilein, ich freu mich sehr, denn du hast ja Sorgen schwer", womit sie zum Ausdruck bringen wollte, dass sie sich freute, der Mutter eine Hilfe zu sein. Nun fühlten sich beide Schwestern als Freundinnen der Mutter, welche alle Lasten mit ihr tragen, aber brauchbare Vorschläge fielen auch ihnen nicht ein. Judith wollte dem Vater selber schreiben und ihn bitten, Geld und Lebensmittel zu schicken. „Vielleicht hat er dich nicht verstanden, Mutti?" Cornelia brachte ihre Sparbüchse, in die sie im Sommer Pfennigstücke hatte werfen dürfen, die beim Geldwechseln im Geschäft abgefallen waren. Sie schenkte mir ihren ganzen, sorgsam gehüteten Schatz und meinte, dass damit die

Not behoben sei. Ich überlegte, ob ich es nicht fertigbringen könnte, einen Schleifstein so an einem Fahrrad zu befestigen, dass ich damit durch die Dörfer fahren und Scheren und Messer schleifen könnte für die Leute. Aber ich musste den Plan verwerfen. Die Kinder konnte man zwar zu Betteltouren in der näheren Umgebung mitnehmen, nicht aber zu tagelangen Märschen, wie dies beim Scherenschleifen erforderlich gewesen wäre. Außerdem hatte ich kein Fahrrad mehr, die Idee war eine Luftblase.

Die Tage wurden kürzer und kälter. Wir froren alle in unseren geschenkten Lumpen, da der Wind schon wieder so durch die geschlossenen Fenster wehte, dass er gelegentlich die Nachttischlampe umwarf. Die wenigen Lebensmittelvorräte gingen zur Neige.

Es kam ein Abend, an dem wir ohne Licht in der dunklen kalten Küche saßen und feststellten, dass wir nur noch fünf Kartoffeln hatten. Mit den Kindern beratschlagte ich, ob wir diese fünf Kartoffeln heute Abend noch essen sollten, um uns dann morgen früh hungrig auf die Bettelwanderschaft zu machen, oder ob wir sie erst morgen früh verzehren wollten. Gerade hatten die Kinder eingesehen, dass es klüger sei, sie erst morgen früh zu essen, als es an der Küchentür klopfte. Draußen standen fünf Kinder ohne Erwachsene, die noch zerlumpter waren als meine und schon viel deutlicher vom Hunger gezeichnet.

Beim Anblick dieser armen Geschöpfe tat mir das Herz weh. Ich musste mir vorstellen, dass meine Kinder ebenfalls bald diese Stufe erreicht haben würden. Mit dem Gefühl, eigentlich unverantwortlich zu handeln, sagte ich spontan zu meinen Mädchen: „Wenn wir diesen Kindern jetzt unsere fünf Kartoffeln geben, werden euch die Leute morgen bestimmt auch was geben."

Judith begriff sofort die Gedankengänge der Mutter und sagte: „Wenn wir bis morgen früh warten können, dann können wir auch noch etwas länger warten bis uns jemand etwas schenkt."

Betty und Susi nickten ernsthaft mit den Köpfen, und Nella meinte: „Die haben nicht mal ihre Mutti, die armen Kinder."

So drückte ich jedem der fünf Bettelkinder je eine Kartoffel in die Hand und entließ die Armen wieder in die Dunkelheit.

Am nächsten Morgen, einem schulfreien Sonntag, tranken wir alle heißes Wasser, vermummten uns mit allen Lumpen, die wir hatten, und wollten uns gerade auf den Weg machen, als ein fremder, wohlgekleideter, gutgenährter Herr den Klinkerweg zu unserem Haus heraufkam.

Er stellte sich vor als Beauftragter des Kulturbundes, der für die Auswahl der Sommergäste und die Organisation der Übernachtungen verantwortlich war und auch die Leitung des Kulturhauses unter sich hatte.

Er eröffnete mir, der Kulturbund habe beschlossen, mein Haus als Clubhaus für den Kulturbund anzumieten, dort im nächsten Sommer Bilder- und Bücherausstellungen zu veranstalten und das Café – wie das Kurhaus – unter der Oberregie und Leitung des Kulturbundes zu führen, wobei mir natürlich der gleiche Verdienst bleiben sollte wie bisher. Nur wem erlaubt sein solle, das Clubhaus zu betreten, wolle der Bund bestimmen. Damit solle erreicht werden, dass in Henkhof nur noch für die geistige Elite Platz sei und Schieber dort keine Chance mehr hätten. Er habe gleich zweitausend Mark mitgebracht, um mir eine Anzahlung zu leisten.

Mir kam dieser Herr wie eine Erscheinung des Engels Gabriel vor, und auch die Töchter folgerten messerscharf, er sei von Gott gesandt, um sie für ihr Kartoffelopfer zu belohnen.

Im nächsten Jahr wurde mir klar: Man hatte die bevorstehende Währungsreform vorausgesehen und deshalb mit dem in Kürze abgewerteten Geld im Voraus bezahlt. Dennoch war ich geneigt, den Vorfall ganz schlicht als ein „Wunder" zu betrachten. Nun brauchte ich im Winter 1947/48 nicht betteln zu gehen, konnte das Nötigste kaufen und verdiente ein wenig Lebensmittel dazu, indem ich Strümpfe besohlte für Leute, die Naturalien zu vergeben hatten.

Charlotte Keyser

GOTT BRAUCHT MENSCHEN ALS ENGEL

Die Schriftstellerin Charlotte Keyser erzählt von ihren Begegnungen mit Agnes Miegel († 1964). Sie schildert ein denkwürdiges Erlebnis aus dem Leben der ostpreußischen Dichterin.

Es war an einem hellen Sommertag. Agnes Miegel reiste nach Augsburg. In Ulm unterbrach sie die Reise, um das Münster anzusehen. Aber als sie in die Küsterei kommt, sagt der Küster: „Eine Führung kann ich heute Vormittag nicht mehr machen. Ich muss mit dem Pfarrer zu einer Beerdigung fahren." – „O, wie schade, ich hatte mich so gefreut." – „Naja", sagt der Küster, „ich mache Ihnen einen Vorschlag. Ich schließe Sie im Münster ein und sage meiner Frau Bescheid, dass sie Sie nach einer angemessenen Zeit rauslässt."

Das ist der Dichterin sehr lieb. Allein, in aller Ruhe und Stille und viel Zeit, die Schönheit und Atmosphäre der Kirche auf sich wirken zu lassen – besser kann sie es sich nicht wünschen. – Viel Zeit? Ja, sehr viel Zeit! Aus halben Stunden werden Stunden. Das hohe Gewölbe strömt Kühle aus, sie friert in ihrem dünnen Sommerkleid, sie wird hungrig und durstig. Nichts geschieht.

Da endlich, drei Uhr ist es geworden, knirscht der Schlüssel im Schloss. Die Küsterin kommt mit einer Touristin den Mittelgang herauf. „Gott sei Dank, dass Sie endlich kommen! Hat Ihnen der Küster denn nicht Bescheid gesagt? Er musste zu einer Beerdigung." – „Einer Beerdigung? Es waren zwei. Da hat er natürlich vergessen, mir Bescheid zu sagen." – „Nun, jetzt sind Sie ja da. Bitte lassen Sie mich schnell raus. Wenn ich mich beeile, kriege ich meinen Zug noch." – „Jetzt sofort? Nein! Gerade habe ich abgeschlossen. Jetzt laufe ich nicht wieder zurück." – „Aber ich bin doch schon stundenlang hier drin. Ich muss doch meinen Zug haben!" Die Küsterin bleibt stur: „Ich werde mich beeilen. Haben Sie so lange ausgehalten, wird Ihnen doch wohl die kleine Verzögerung nichts ausmachen." Agnes Miegel sinkt auf eine Bank nieder. Es hilft nichts, sie muss warten. Aber sie ist nun doch sehr ärgerlich. Sie weiß, der Zug ist abgefahren.

Als sich endlich das Portal für sie öffnet, eilt sie zur Bahnauskunft: „Wann fährt der nächste Zug nach Augsburg?" – „Augsburg? Heute wohl nicht mehr." – „Aber es ist doch erst Nachmittag, es wird doch wohl noch eine Verbindung mit Augsburg geben?" – „Ja, wissen Sie denn nichts von dem schweren Unglück, das sich auf dieser Strecke ereignet hat? Der Zug ist entgleist. Alle Insassen sind tödlich verletzt. Nur ein Waggon, in dem Studenten reisten, blieb stehen." Wie ein elektrischer Schlag trifft sie die Nachricht: „Alle Reisenden tot" – und ich

bin gerettet. Die Kirche hat mich gerettet. Nein, die Vergesslich-
keit des Küsters. Nein, die unfreundliche Sturheit der Küsterin.
Nein, gerettet hat mich doch wohl Gottes Engel.

Um Mitternacht gelangt sie nach Augsburg und klingelt an
der Tür des Hotels, in dem sie ein Zimmer bestellt hat. Ein Haus-
mädchen öffnet. „Ich bin Agnes Miegel, ich ...“ Schreiend schlägt
das Mädchen die Tür zu und rennt weg. Nach kurzem öffnet
sich die Tür wieder. Der Hotelbesitzer steht da. „Ich bin es
wirklich“, sagt Agnes Miegel, „nicht mein Geist.“ – „Mein Gott“,
sagt der Mann, „mein Gott! Wir wussten, dass Sie in dem ver-
unglückten Zug sein mussten und dass es außer den Studenten
keine Überlebenden gibt. Und nun stehen Sie da! Kommen Sie,
kommen Sie herein.“ Und Agnes Miegel tritt in die Geborgenheit
des Hauses.

ENGEL – GIBT'S DIE?

LESERANTWORTEN AUF EINE UMFRAGE
DES BERLINER „TAGESSPIEGEL"

Die quälenden Stunden nach einer Operation. Das Noch-nicht-wach-sein, der heiße Kopf, die Übelkeit. Hin und wieder versucht jemand, mich wachzurufen. Dann, bei der ersten Öffnung der Augen und ganz der Übelkeit preisgegeben, sehe ich sie: nicht mehr jung, freundlich lächelnd. Sie streicht über mein Gesicht, was mir wohltut, und legt eine leichte, kühle Hand auf meine Stirn. Alles Unbehagen schwindet, ich fühle mich leicht und schlafe ein. Später dann, nun richtig wach, spreche ich meine Nachbarin im Zimmer auf das hilfreiche Erscheinen der freundlichen Schwester an und möchte mich bei ihr bedanken. Sie fragt: „Welche Schwester? Ich habe mehrmals geklingelt, weil Sie so stöhnten, aber gekommen ist niemand. Ich habe mich richtig aufgeregt. Wenn ich aufstehen könnte, hätte ich draußen Alarm geschlagen." „Aber", sage ich, „sie stand doch an meinem Bett und hat mir geholfen" und beschreibe die Frau. Die Nachbarin sieht mich komisch an. „Das müssen Sie geträumt haben. Hier war niemand außer mir. Na ja, vielleicht die Narkose ..."

J. M. Behrend, Berlin-Neukölln

In meiner Jugend war ich auf der Suche nach meinem Engel. Ich suchte die sanfte Stirn hinter blonden und braunen Haaren, suchte in blauen, braunen und grünen Augen nach dem engelsgleichen Schimmer, suchte die zarten Schwingen, die mich zusammen mit diesem Fabelwesen in den Himmel tragen würden, der nur aus reiner Liebe hätte bestehen dürfen. Wahrscheinlich traf ich viele und ging an ihnen vorbei, ohne sie zu erkennen. Nun bin ich etwas älter und kenne die flügellosen Menschen besser. Jetzt erst bemerke ich, wie viele Engel es hier gibt. Wenn man genau beobachtet, erkennt man sie: eine etwas größere Leichtigkeit, als wenn die Erde sie nicht mit der gleichen Macht an den Boden fesselt, eine etwas größere Sanftheit in ihren Augen, als wenn die Trauer der Welt nicht mit gleicher Härte in ihr Inneres dringt, und ein Tonfall in ihrer Stimme, der Trost und Hoffnung spenden kann. Sie geben, ohne an das Gegengeschenk zu denken. [...]

Wer das Glück hatte, selbstlose Liebe kennenzulernen, wird zustimmen, dass es Engel geben muss. Ich traf einige von ihnen, die mir halfen, das Leben zu lieben trotz Neid, Fanatismus und überfüllten U-Bahnzügen. Jetzt gerade steht ein Engel neben mir, neun Monate alt. – Ich hoffe, dass viele Leser den Engel im Menschen finden werden.

Stephan Harnau, Berlin-Charlottenburg

Wir waren eingeladen nach Mainz. Wegbeschreibung war gegeben. Aber wer nachts fährt, wenn der Mond kein Licht gibt, Regen vom Himmel strömt, weiß, wie leicht man vom Wege kommt. So ging es uns. Wir bogen ab von der Straße, wähnend, dies sei der Weg zu Johannes Willms, der heute das Feuilleton der „Süddeutschen Zeitung" versorgt, und fanden uns plötzlich allein. Nur umgeben von Dunkelheit. Vor uns dehnte sich ein großer, mit Kohlengrieß bedeckter Platz, weit hinten sahen wir ein Fabriktor. Hier bewegte sich nichts. Die Hallen waren stillgelegt, eine schwache Laterne gab milchiges Licht. Ich sagte: „Hier sind wir falsch. Hier geht es nicht weiter. Wir müssen zurück." Ich legte den Rückwärtsgang ein, versuchte zu wenden, dann gab es ein Reiben und Knirschen, der Wagen hing schief in der Luft. Ich konnte mit Mühe aussteigen, da sah ich das Unglück. Beim Zurückstoßen waren wir auf eine Betonschräge aufgefahren, die die Fahrbahnen teilte. Die Räder hingen in der Luft. Nichts ging mehr. Wir saßen in dieser Einöde fest, fürchtend, der Wagen sei unten aufgerissen. Ich schickte mich an, Hilfe in der nächtlichen Stadt zu suchen. Da näherten sich von weit drüben zwei Lichter, man hörte das Geräusch eines Autos, ich lief in den Lichtkegel, der Wagen bremste. Ein Mann stieg aus, besah sich unsere schiefe Situation, lächelte, nachdem ich ihm auf eine Frage geantwortet hatte: „Wie kommen Sie denn auf diesen gottverlassenen Platz?", und sagte: „Ich versuche, Sie von dem Klotz herunterzuziehen." Ihn störte der Regen nicht, er rangierte heran, verband die Karossen, fuhr an, wieder das Schrabben und Knirschen, unser Wagen rutschte vom Beton und stand wieder gerade. Das Benzin lief nicht aus, das Ding sprang an, ließ sich lenken, als wäre nichts geschehen. Ich musste mich für die Hilfe bedanken. Nein, kein Geld, eine Selbstverständlichkeit. „Aber", sagte er, „Sie haben Glück gehabt, hier kommt sonst keiner vorbei. Total tote Gegend." Der Vorgang verschlug mir die Sprache. Schließlich sagte ich: „Sie sind ein Engel." „Ja", sagte er, lachte und, indem er sich in sein Auto setzte: „So heiße ich auch." Gab Gas und fuhr davon. Um uns blieb die Nacht, der Regen und die Verwunderung.

Günther Lilienstern, Bad Soden

49

LIEBE

Fernando Botero

VERFÜHRUNG DURCH DEN SCHUTZENGEL

Von den Engeln lässt sich im Allgemeinen sagen, dass sie einen schlechten Geschmack haben. Sie tragen rosa Hemdchen, gelbe Strümpfe und schwarze Stiefel, lesen den Katechismus von Pater Astete und legen ihr Skapulier nicht einmal, wenn sie baden gehen, ab. Nur ein so seltsames Wesen konnte sich unsterblich in Doloritas Trujilli verlieben, obwohl sie so unansehnlich war.

Von kleiner, gedrungener Gestalt, lebte die Arme mit ihren Eltern in einem Haus neben der Kirche zum hl. Benedikt in Villa de la Candelaria; sie widmete sich ganz den häuslichen Pflichten und den vortrefflichen Stickereien, die sie mit ihren winzigen Händchen ausführte. Ihr einziges Glück war es, sich um ihre Katzenpärchen zu kümmern – ihr Ein und Alles –, um dadurch etwas Farbe in ihr tägliches und nächtliches Ei- nerlei zu bringen.

Das schwarz glänzende Haar fiel ihr in einem Meer von Locken auf die Schultern. Ein großer violetter Haarknoten bildete einen scharfen Kontrast zum aschfahlen Ton ihrer Haut und zu dem unbestimmbaren Blau ihrer Augen. Ihr Mund, der sich wie ein Brückenbogen über ihr Gesicht spannte, war leuchtend karmesinrot. Bei ihrem langsamen Hin und Her zwischen den Zimmern bewegte sich ihr Körper in weichen Batist- und feinen Spitzenstoffen, die sie im gleichförmigen Rhythmus ihrer kleinen Füße umflossen.

Die feinmaschige Verarbeitung der Gewebe und die peinliche Genauigkeit ihrer Nadelstiche führte bei Doloritas zu einem ausgeprägten Schielen, das ihre Wahrnehmung erweiterte und das Inventar der tausend Dinge, die ihr Leben umgaben, vervielfachte. Zuerst verdoppelte sich ihre Welt. Sie sah zwei Mütter, zwei Väter, zwei Häuser und zwei Katzenbanden, die ihr mit großem Radau überallhin folgten. Aber im Lauf der Zeit wurde ihr Leiden so schlimm, dass sie anfing, alles x-fach zu sehen.

Da verstand sie plötzlich die Bedeutung der dritten Dimension des Raumes und die Regel von der Dreizahl und entdeckte den Schutzengel, diesen kaum wahrnehmbaren Schatten, den mit dem Blick zu erhaschen nur wenigen, weit fortgeschrittenen Schieläugigen vergönnt ist.

Ihr Schutzengel war riesenhaft und ein recht gutaussehender Junge. Mit seinen großen, immer geöffneten Flügeln folgte er ihr durch Schlafzimmer, Innenhöfe und Korridore, warf Blumenvasen um, zerbrach Porzellanfiguren und verstreute im Garten den Blütenstaub der Rosen und Nelken. Da seine göttliche Mission darin bestand, sie überallhin zu begleiten, und das Bett sehr schmal war, hatte er sich angewöhnt, des Nachts, bevor er das Licht auslöschte, die Flügel behutsam abzunehmen und sie zusammengefaltet in den hintersten Winkel oben auf den Kleiderschrank zu legen. Das Zimmer wurde dann von den Akkorden süßer Orgelmusik erfüllt. Nicht ganz ohne Grund begann Doloritas nach und nach in ihm nicht bloß den Engel, sondern den Mann zu sehen. Sie nannte ihn Joaquín.

Und sie verbrachten die Tage und auch die wundervollen Nächte im Spiel, mit jenem Geschick, das nur himmlische Personen beim Spielen besitzen. Die Kissenschlachten, die Versteckspiele zwischen Daunen und Federn und die „Doktorspiele", die Joaquín am liebsten waren, dauerten immer bis in die frühen Morgenstunden. Und keiner erfuhr etwas von Doloritas, die schlafwandlerisch in sich versunken lebte wie in den Nebeln eines Traumes, trunken von so viel Glückseligkeit.

Die zu erwartenden Folgen blieben nicht aus, und bald begann Doloritas alle Arten von Migräne und Schwindel zu spüren, besonders von Joaquíns Flattern in ihrer Nähe und vom unaufhörlichen Rauschen der Orgelklänge in ihren Ohren. Monate später baten ihre Eltern, die den Ursprung des Kindes nicht ahnten und schon gar keine Engel oder Cherubine verdächtigten, aus Scham vor den Nachbarn ihre Tochter unter großem Schmerz, das schöne Heim zu verlassen, in dem sie so viele Jahre gelebt hatte. Joaquín schulterte eilfertig die Koffer – mit jener Anmut und Behändigkeit, die den Engeln bei allem, was sie tun, zu eigen ist; und gemeinsam fuhren sie im Taxi nach Envigado, zu dem blauen Haus hinter dem Theater gleich bei der Plaza. Eben dort kam bald der kleine Jesus Maria zur Welt, der Bischof und dann Papst wurde, derselbe, den die Nachwelt unter seinem Namen Jairo I. kennenlernen und verehren sollte.

Viele, viele Jahre sind vergangen, und Doloritas lebt noch immer in Envigado. Sie ist hochbetagt und hat sogar das Weben aufgeben müssen. Joaquín dagegen spürt die Jahre nicht. Er lebt weiter in dem alten Haus, wird jeden Tag zerstreuter und hochnäsiger und legt nicht einmal mehr die Flügel an. Sein Geschmack ist besser geworden. Doloritas, das rosa Hemdchen, die gelben Strümpfe und die schwarzen Stiefel – das alles hat er vergessen. Jetzt ist er der Schutzengel der neuen Hausmagd, und den ganzen Tag erklingt im Haus die Musik seiner zauberischen Orgel.

Stefan George

ALS ENGEL NUR BESCHAUEN

Da nacht den neuen morgen noch umschattet
Und dein gemach
(Ein sichres dach)
Noch lange freuden uns gestattet:
Was soll dein leises weinen
Und dein weher blick?
– Des glückes stunden meinen
Für mich ein missgeschick.

Es tröste dich mein schwur
Dass du auch fürder keusch mir bist
Und ich zu deinen füßen
Ergeben dich als engel nur
Beschauen will und grüßen.
Dein ganzer leib mir lieb und heilig ist
An jedem glied
Mein haupt mit inbrunst hängt
Und mit gesenktem lid
So wie man Gott empfängt.

Und trenn ich mich für heut für ferne fahrt:
Ich trage auf der brust verwahrt
Das seidentuch worauf dein name steht
Der mich wie ein gebet
Eh spiel und schlacht beginnen
Bestärkt und sieg mir bringt.
– O möchten dann nur meine tränen rinnen
Wann uns des wächters horn zu scheiden zwingt.

Romano Guardini

DER ENGEL DES MENSCHEN

Wir begehen das Fest der Schutzengel – von der Weise her, wie Jesus spricht (Matthäus 18,10), sagen wir besser und eindringlicher: der Engel der Menschen. So wollen wir in dieser Betrachtung zu verstehen suchen, was das Fest uns kundtun will. Zuerst müssen wir uns freilich etwas anderes zu Bewusstsein bringen: dass der heutige Mensch, auch der gläubige, zu seinem Engel keine Beziehung mehr hat. Ja, dass die Lehre von den Engeln überhaupt ihm nicht mehr viel sagt. Daran ändert auch die Tatsache nichts, dass sie in der Dichtung und in der Kunst wieder stärker hervortreten. Das hat aber einen rein ästhetischen Charakter. Um das zu sehen, braucht man nur an seine Entsprechung auf tieferer Ebene zu denken, nämlich an das sentimentale Wesen, nein an den Unfug und die Entehrung, welche die Weihnachtsindustrie mit der Engelgestalt treibt.

Und nun sagt uns die Kirche, unter ihnen gebe es solche, denen Gott einen besonderen Dienst im Leben des einzelnen Menschen zugewiesen hat. Man nennt sie die Schutzengel; wir wollen sie, wie gesagt, die Engel der Menschen nennen.

Worin besteht aber ihr Dienst? Was schützt der Engel in dem Menschen, mit dem ihn Gott verbunden hat? Wenn wir darüber ernsthaft nachdenken wollen, müssen wir all die rührseligen Bilder wegtun, die ihn zeigen, wie er auf einem Steg ein Kind vor dem Hinunterfallen bewahrt, oder eine Schlange abwehrt, die es anzüngelt. Wir müssen in den Kern des menschlichen Daseins gehen: den Bestand und die Unversehrtheit seiner Person. [...]

Und ist der Mensch, der in tausenderlei Beziehungen und Gemeinschaften lebt, immerfort redend, hörend, gebend, nehmend, ergreifend und ergriffen, gebrauchend und gebraucht — ist er nicht im Grunde allein, bis in die Einsamkeit des Sterbens?

Hier sagt uns Jesu Wort, dass Gott dem Menschen einen Gefährten mitgibt, der sein Eigenes und Eigentliches schützt: sein Wesen, das im Verhältnis zu Gott beruht; sein Ich, das nur Bestand hat in der Antwort auf Gottes währenden Anruf; seine Wahrheit, die nichts anderes bedeutet, als zu sein, wie Gott ihn will. Das ist sein Engel. Er weiß besser um uns, als wir selbst. Er weiß um unser Gott-Ebenbild — der Engel jedes Menschen um dessen besonderes Ebenbild, geschaffen durch den Anruf, mit welchem Gott ihn und ihn allein in sein Dasein gestellt hat. Um das, was sich im ‚neuen Namen' offenbaren soll, welchen Gott in der ewigen Begegnung dem als treu Befundenen gibt, und den niemand weiß als Gott und der ihn empfängt (Offenbarung

2,17). Der Engel aber, so denken wir, weiß ihn, denn er ist ja für ‚seinen‘ Menschen nicht einfachhin ‚ein Anderer‘, sondern der Hüter von dessen Selbst. Ebenso wie der Engel all die Verwirrungen und Verstörungen sieht, die seinen Mensch-Freund von innen her bedrohen; sie in Unbestechlichkeit beurteilt, aber mit ihm zusammen dagegen steht, als wäre es für sich selbst.

Das alles weiß er, weil er ‚immer das Angesicht des Vaters schaut, der im Himmel ist‘. Er ist bei Gott und bei dem ihm Anbefohlenen zugleich, und hier kann er sein, weil er dort ist. Denn Gott ist jedem Menschen der in Wahrheit ‚Nächste‘ stehend zwischen ihm und dem Nichts; dem Guten, aus dem Er ihn einst herausgehoben, wie dem Bösen, das ihn immerfort bedroht. In Gott sieht der Engel die Wahrheit des Menschen eigentlicher, als sie in diesem selber ist; denn diese Wahrheit denkend hat Gott ihn geschaffen; ihn denkend hält Gott ihn im Sein. Im ‚Angesicht des Vaters‘ liest der Engel diese schöpferische Wahrheit; und von Seiner Liebe erleuchtet, sieht er, wie bedroht sie durch die Schwäche des Menschen ist. Darum kennt er seinen so fragwürdig-wunderbaren Mensch-Freund bis in den innersten Grund.

Dieses, des Menschen eigenstes Wesen, schützt der Engel in den Verhüllungen, Wirrnissen, Gewaltsamkeiten des Lebens. Denn Gott hat ihn durch seinen Auftrag ins Einvernehmen der Vorsehung gezogen, und er dient ihrer Verwirklichung – der Vorsehung über diesen bestimmten Menschen wie auch über dem Ganzen der Welt, sofern es sich in diesem Einen entscheidet und verwirklicht.

Er schützt es nicht nur gegen die Gefahr, die von außen, sondern auch gegen jene, die aus dem Menschen selbst kommt: seine Unbotmäßigkeit, seine Unredlichkeit, seine Trägheit, sein Unmaß. Er tut es in der Stimme des Gewissens, in den Warnungen des Herzens, im Wort der Freunde, in den Folgen des Tuns, im Sinn der Geschehnisse – in alledem spricht seine Stimme mit.

HEITERKEIT

Hans Manz

DER ENGEL IM KIRSCHBAUM

Mit sechs verlor ich alles: meinen Kopf, mein Herz, manchmal sogar den Schlaf. Denn ich hatte auch etwas gewonnen: eine neue Nachbarin, gleich alt wie ich, mit rundem, rosigem Gesicht und einem kastanienbraunen, rötlich schimmernden und fast immer zerzausten Haarschopf.

Ich konnte mich nicht genug verwundern: Das Mädchen glich – abgesehen von Flügeln – wie kopiert jenem kleinen Engel, den ich voriges Jahr auf dem Herbstmarkt gesehen hatte unter Glas, eingerahmt. Wie bettelte ich darum, dieses Engelchen zu besitzen: So unvergleichlich liebenswert kam es mir vor.

Aber die Mutter hatte meinen inständigen Bitten mit dem unverständlichen, aber verächtlich ausgesprochenen Wort „Kitsch" ein hartes Ende gesetzt.

Nicht, dass das Nachbarsmädchen, mit dem ich bald immer und überall zusammensteckte, unverwandt inbrünstig zum Himmel hinaufgeschielt hätte wie seine Bildvorlage. Im Gegenteil: Die Blicke waren ununterbrochen und nach allen Seiten hin unterwegs. Und wenn die Augen einmal stillstanden, war dafür im nächsten Augenblick das ganze Mädchen in Bewegung, befand sich gleich dort, wo es irgendetwas Neugiererweckendes ausgemacht hatte. Und genau das geschah einmal mit dem Kirschbaum, der einem verbitterten Mann gehörte. Zur Reifezeit der Früchte bewachte er den Baum hartnäckig und eifersüchtig.

Das Mädchen ließ sich von meinen beschwörenden Warnungen nicht abschrecken – schlimmer: Es bestand darauf, dass ich mitginge, als der argwöhnische Mann einmal außer Sichtweite war. Im Handumdrehen erklomm es den Stamm, verschwand für eine Weile im Bauminnern, während ich unten geblieben war, angeblich als Wache, in Wahrheit aus Furcht und weil ich ein ganz schwerfälliger Kletterer war. Schon tauchte das rosige Gesicht mitten in der Krone auf, ganz umgeben von Blättern, als wollten auch die es einrahmen, nur viel lieblicher und lebendiger als ein starres Holzrähmchen. Dazu hatten die Kirschen den Mund des Mädchens wunderbar glänzend geschminkt. Also, das kam mir so unaussprechlich schön vor, dass ich selbstvergessen guckte und guckte und bewunderte.

Dann der Mann. Er rannte auf den Baum zu. Ein kurzes Zögern. Der rasch gefasste Entschluss, mir nur zu drohen, dafür Beine und den erhobenen Stock schnurstracks dem Stamm entgegenzuschwingen. In meiner Verwirrnis von Schrecken, Angst und Versagen entfuhren mir die Schreie: „Nicht! Nicht! Ein Engel! Es ist ein Engel!"

Die Verzweiflung oder was sonst in meiner überschnappenden Stimme gelegen haben mag, brachte den Mann zu verdutztem Stillstand. Dann wandte er sich mir zu. Er näherte sich mit den zornig gekeuchten Worten: „Warte, dir treib ich den Engel noch aus!"

Ich will damit keineswegs behaupten, dass ich damals die Prügel stellvertretend für das Mädchen bezogen hätte. Denn laufen, sehr schnell weglaufen konnte ich weit besser als klettern. Und als der um sein Opfer geprellte Mann mit einer abermaligen wilden Richtungsänderung sich wieder zum Baum hin herumwarf, war kein Mädchen mehr im Laub, geschweige denn ein Engel.

Angelika Mechtel

DER ENGEL AUF DEM DACH

Es war einmal eine Großmutter, die hatte kein Talent für Weihnachten. Sie konnte weder backen noch stricken noch singen oder gar Geschichten erzählen. Sie hatte auch keine Lust dazu. Viel lieber setzte sie sich am Heiligabend auf einen Kamin, hoch oben auf einem Hausdach, und schaute den Weihnachtsengeln beim Fußballspielen zu.

So könnte diese Geschichte, die, das schwöre ich, ganz bestimmt kein Märchen ist – oder vielleicht doch? –, beginnen. Aber ich fange lieber einen Tag früher an und erzähle, was wirklich passiert ist.

Das gibt es doch nicht, denke ich, das gibt es doch nicht, dass mir überhaupt nichts einfällt!

Seit zwei Stunden sitze ich am Schreibtisch und zerbreche mir den Kopf über eine Geschichte, die ich erfinden will. Sich den Kopf zu zerbrechen ist glücklicherweise nur eine Redensart. Und so ist mein Kopf selbstverständlich noch ganz in Ordnung. Trotzdem fällt mir einfach nichts ein.

Schließlich stehe ich vom Schreibtisch auf, trete ans Fenster und sehe hinaus. Genau in diesem Augenblick passiert es. Ich entdecke einen Weihnachtsengel auf der Fernsehantenne.

Wenn ich sonst aus dem Fenster gucke, sehe ich Hausdächer, Schornsteine, Kirchturmspitzen, Baumspitzen, große und kleine Dachfenster, ich sehe Leute, die sich hinter den Fenstern bewegen, den Himmel über der Stadt und die Wolken und natürlich eine Menge Fernsehantennen, größere und kleinere, solche, die der Wind schief gestellt hat, andere, die wie dünne rostige Bäume mit vielen Ästen aussehen. Manchmal sitzt eine Amsel so auf einem Ast aus Metall, aber niemals ein Weihnachtsengel.

Der, den ich entdecke, der sitzt auch nicht; der macht Klimmzüge an einer Fernsehantenne. Er sieht ganz normal aus, wie Weihnachtsengel eben so aussehen: ungefähr so groß wie ein Zehnjähriger, schwarze Wuschelhaare, eine Stupsnase, zwei Flügel auf dem Rücken, dort, wo sie hingehören, und ein weißes, langes Hemd am Leib.

Ich reiße erschreckt das Fenster auf: „He!", schreie ich hinüber zum anderen Hausdach. „He, du! Pass auf, dass du nicht runterfällst!"

So ein Unsinn. Er hat ja Flügel.

Mit einem Bauchaufschwung setzt er sich rittlings auf einen Antennenarm, schaukelt fröhlich hin und her und streckt mir die Zunge heraus.

Dürfen Weihnachtsengel das?

„Ich übe!", ruft er zurück. „Ich über für die Weihnachtsengelweltmeisterschaft!"

Weihnachtsengelweltmeisterschaft? Nie davon gehört. Es scheint ein zutraulicher Weihnachtsengel zu sein. Etwas später fliegt er von einem Hausdach zum anderen und setzt sich auf mein Fensterbrett.

„Wann findet denn die Weihnachtsengelweltmeisterschaft statt?", erkundige ich mich.

„An Weihnachten, wann sonst?" Seine Hände sind schwarz vom Herumturnen an der Fernsehantenne. Er wischt sie an seinem schönen weißen Hemd ab. Wie zufällig berühre ich einen seiner Flügel mit den Fingerspitzen. Er fühlt sich ganz echt an und sieht aus, als sei er aus großen weißen Federn gemacht.

„An Weihnachten", wende ich ein, „an Weihnachten habt ihr doch etwas anderes zu tun."

Er baumelt mit den nackten Füßen, grinst fröhlich und fragt, ob ich ihm nicht ein Glas Milch spendieren könnte. Milch ist gut, wenn einer sportlich fit bleiben möchte.

Ich bitte ihn, nicht wegzufliegen, und hole aus der Küche ein großes Glas Milch. Das trinkt er in einem Zug aus, wischt sich die Lippen mit dem Handrücken ab und hat nun auch Dreckspuren im Gesicht.

„Warum macht ihr die Weltmeisterschaft nicht im Sommer?", frage ich. „Da habt ihr doch nichts zu tun."

Wahrscheinlich, überlege ich, sage es aber nicht laut, wahrscheinlich liegen Weihnachtsengel im Sommer auf der faulen Haut unter einem Sonnenschirm am Strand und lassen es sich gut gehen, während ich auch im Sommer Geschichten erfinde. „Geht nicht", antwortet er. „Im Sommer halten Weihnachtsengel Sommerschlaf."

Na bitte. Aber zur Weihnachtszeit, da haben Weihnachtsengel doch alle Hände voll zu tun, so, wie die Osterhasen zu Ostern. Oder etwa nicht? Wie, bitte schön, findet ein Osterhase zu Ostern Zeit, an einem Reck zu turnen, Kugeln zu stoßen oder einen Speer zu werfen? Denn alles das gehört ja zu einer Weltmeisterschaft.

Der Weihnachtsengel auf dem Fenstersims meiner Dachwohnung im vierten Stock erzählt mir stolz, dass er letztes Weihnachten die Bronzemedaille am Reck geholt hat. Dieses Jahr will er Silber schaffen und beim nächsten Mal natürlich Gold.

Die Weihnachtsengelweltmeisterschaft selbst findet am Heiligabend statt, erklärt er mir. Dann sprinten die kleinen Engel über Hausdächer, springen von Kamin zu Kamin oder im Stabhochsprung quer über eine Straße von einer Regenrinne zur anderen. Zum Kugelstoßen benutzen sie Flachdächer, zum Geräteturnen die Fernsehantennen, und das Bodenturnen absolvieren sie selbstverständlich in der Luft, hoch über der Stadt, wie Engel das eben so tun; sie haben ja Flügel.

„Und was ist mit der Bescherung an Heiligabend?", will ich wissen.

Der Weihnachtsengel bohrt nachdenklich in der Nase.

„Die Kinder warten doch auf ihre Geschenke!", sage ich.

„Ja, ja", antwortet er, hört auf, in der Nase zu bohren, und kratzt sich nun etwas verlegen hinterm rechten Ohr. „Du hast ja recht", gibt er zu, und ich bin stolz, dass er mich duzt. Wer kann schon von sich behaupten, mit einem Weihnachtsengel auf du und du zu stehen?

„Du hast ja recht", sagt er noch einmal. „Die Sache ist nur die, dass wir gar nicht mehr gebraucht werden."

Wie bitte? Hat sich Weihnachten etwa verändert? Als ich ein kleines Mädchen war, habe ich jedes Mal auf den Weihnachtsengel gewartet, wegen der Geschenke.

„Wer wartet denn heute noch auf einen Weihnachtsengel?" Der Weihnachtsengel lacht etwas bekümmert. „Ihr kauft doch heutzutage die Geschenke in den Warenhäusern und schließt an Weihnachten Fenster und Türen zu. Da hat unsereins keine Chance, das musst du zugeben!"

Ja. Es bleibt mir nichts anderes übrig, als zuzugeben, dass ein Weihnachtsengel heutzutage kaum noch Chancen hat.

„Und deshalb", so erklärt er mir, „haben wir die Weihnachtsengelweltmeisterschaft erfunden. Irgendetwas müssen wir ja an Weihnachten tun. Wir können doch nicht nur dumm aus der Wäsche gucken."

Ich fühle, wie ich genauso bekümmert werde wie er. Die Weihnachtsengel tun mir leid.

Das scheint jedoch gar nicht nötig zu sein.

Der stupsnasige, wuschelhaarige Weihnachtsengel auf meinem Fensterbrett grinst mich wieder fröhlich an, baumelt mit den Beinen und fragt, ob ich ihm vielleicht einen Regenschirm leihen könnte. Zu Recht. Es sieht nach Regen aus. Ich hole den Regenschirm, den einzigen, den ich als einzigen noch nicht verloren habe, und mein Weihnachtsengel verspricht, gelegentlich wiederzukommen und mir seine Kür an einer Fernsehantenne vorzuturnen.

„Wenn du Lust hast", meint er, „kannst du natürlich auch unser Ehrengast an Weihnachten sein. Du musst dich nur trauen, auf einem Kamin zu sitzen."

Mir wird ein bisschen schwindelig bei diesem Gedanken, aber ich will es mir überlegen.

Dann spannt er den Schirm auf und fliegt davon.

Ich blicke ihm nach. Wenn er, denke ich, wenn er kein Weihnachtsengel und ich nicht schon Großmutter, sondern noch ein kleines Mädchen wäre, ja, dann könnte ich mich sofort in ihn verlieben.

Ich schließe das Fenster, kehre an meinen Schreibtisch zurück und schreibe diese Geschichte auf, die ich gar nicht erst erfinden muss.

So endet diese Geschichte – oder fängt sie gerade erst an? Wie dem auch sei, ich schwöre, ich habe noch nie auf einem Kamin gesessen. Das hat einen guten Grund. Ich bin nämlich nicht schwindelfrei.

EIN SEHR ALTER HERR
MIT RIESENGROSSEN FLÜGELN

Am dritten Regentag hatten sie im Innern des Hauses so viele Krebse getötet, dass Pelayo durch seinen überschwemmten Hinterhof waten musste, um sie ins Meer zu werfen, denn das Neugeborene hatte die ganze Nacht gefiebert, und man glaubte, der Pestgestank sei daran schuld. Die Welt war trostlos seit Dienstag. Der Himmel und das Meer waren ein einziges Aschgrau, und der Sand des Strandes, der im März funkelte wie Glutstaub, hatte sich in einen Brei aus Schlamm und verfaulten Seemuscheln verwandelt. Das Licht war so fahl am Mittag, dass Pelayo, nachdem er die Krebse fortgeworfen hatte, beim Heimkehren nur mit Mühe wahrnahm, was sich da hinten im Hof bewegte und jammerte. Er musste ganz nahe herantreten, um zu entdecken, dass es ein alter Mann war, der mit dem Gesicht im Schlamm lag und sich trotz großer Anstrengungen nicht aufrichten konnte, weil ihn seine riesengroßen Flügel daran hinderten.

Erschreckt von diesem Alptraum, lief Pelayo zu Elisenda, seiner Frau, die gerade dem kranken Kind Umschläge machte, und führte sie in die Tiefe des Hofs. Beide beobachteten den gefalle-

nen Körper mit stummer Bestürzung. Er war gekleidet wie ein Lumpensammler. Auf dem Kahlkopf waren ihm nur ein paar verblichene Strähnen, im Mund nur wenige Zähne erhalten geblieben, und sein beklagenswerter Zustand eines durchnässten Urgroßvaters hatte ihn aller Größe beraubt. Seine großen Aasgeierflügel, schmutzig und zerrupft, lagen für immer gestrandet im Schlamm, Pelayo und Elisenda betrachteten ihn so lange und so aufmerksam, dass sie sich sehr rasch von ihrer Verblüffung erholten und er ihnen schließlich ganz vertraut vorkam. Sie wagten ihn anzusprechen, und er antwortete in unverständlicher Sprache, aber mit kräftiger Seemannsstimme. So kam es, dass sie das Unschickliche der Flügel übersahen und vernünftig folgerten, er sei ein einsamer Schiffbrüchiger irgendeines im Sturm verschollenen ausländischen Schiffes. Trotzdem riefen sie eine Nachbarin, die alle Dinge des Lebens und des Todes kannte, damit diese ihn sich ansah, und ihr genügte ein Blick, um die beiden über ihren Irrtum aufzuklären.

„Es ist ein Engel!", sagte sie. „Er ist sicherlich wegen des Kindes gekommen, aber der Ärmste ist so alt, dass der Regen ihn zu Fall gebracht hat."

Am nächsten Tag wusste alle Welt, dass in Pelayos Haus ein Engel aus Fleisch und Blut gefangen lag. In Anbetracht des Urteilsspruchs der weisen Nachbarin, für welche die Engel dieser Zeiten flüchtige Überlebende einer himmlischen Verschwörung waren, hatten sie nicht das Herz gehabt, ihn mit Stockschlägen zu töten. Pelayo, bewaffnet mit seinem Polizeidienerknüppel, überwachte ihn den ganzen Nachmittag von der Küche aus, und bevor er zu Bett ging, zerrte er ihn aus dem Schlamm und sperrte ihn zu den Hühnern in das drahtvergitterte Hühnergatter. Um Mitternacht, als der Regen aufhörte, töteten Pelayo und Elisenda noch immer Krebse. Kurz darauf erwachte das Kind, fieberfrei und esslustig. Nun fühlten sie sich großmütig und beschlossen, den Engel auf ein Floß zu setzen, mit Trinkwasser und Proviant für drei Tage, um ihn auf hoher See seinem Los zu überlassen. Doch als sie beim ersten Frühlicht in den Hinterhof hinaustraten, fanden sie die gesamte Nachbarschaft vor dem Hühnergatter versammelt, wo diese ohne die geringste Ehrerbietung mit dem Engel Schabernack trieb und ihm Essbares durch die Löcher des Drahtgeflechts zuwarf, als sei er kein übernatürliches Geschöpf, sondern ein Zirkustier.

Pater Gonzaga, erschrocken über die außergewöhnliche Nachricht, traf bereits vor sieben ein. Zu dieser Stunde kamen weniger leichtfertige Neugierige als die im Morgengrauen erschienenen und stellten allerhand Mutmaßungen über die Zukunft des Gefangenen an. Die Einfältigsten dachten, er würde zum Weltbürgermeister ernannt. Andere, die rauer veranlagt waren, vermuteten, er würde zum Fünf-Sterne-General befördert werden, um alle Kriege zu gewinnen. Einige Seher hofften, er würde als

Zuchttier aufbewahrt, damit auf der Erde eine Gattung geflügelter weiser Männer die Führung des Weltalls übernahm. Doch bevor Pater Gonzaga Pfarrer wurde, war er ein handfester Holzfäller gewesen. Am Drahtzaun stehend, befragte er einen Augenblick lang sein Brevier und bat noch, man möge ihm die Tür öffnen, damit er aus der Nähe das jämmerliche Mannsbild prüfen könne, das zwischen all den verstörten Hühnern wie ein riesiges altersschwaches Huhn aussah. Er lag in einem Winkel und trocknete die ausgebreiteten Flügel an der Sonne, zwischen Obstschalen und den Resten des Frühstücks, das die Frühaufsteher ihm zugeworfen hatten. Gegen weltliche Unverschämtheiten gefeit, hob er kaum seine Antiquarsaugen und murmelte etwas in seiner Mundart, als Pater Gonzaga den Hühnerstall betrat und ihm auf Lateinisch einen guten Morgen wünschte. Der Gemeindepfarrer argwöhnte zum ersten Mal Betrug, als er feststellte, dass jener weder die Sprache Gottes verstand noch wusste, wie man Seine Diener begrüßt. Dann bemerkte er, dass der Fremde aus der Nähe nur zu menschlich war: Er roch unerträglich nach Wind und Wetter, die Unterseite seiner Flügel war besät mit Schmarotzeralgen, und die Hauptfedern waren von irdischen Winden misshandelt, nichts von seiner elenden Natur stand im Einklang mit der erhabenen Würde der Engel. Pater Gonzaga verließ den

Hühnerstall und warnte die Gaffer in einer kurzen Predigt vor den Gefahren der Einfalt. Er erinnerte sie daran, dass der Teufel die schlechte Angewohnheit hat, mit Karnevalskunst die Arglosen zu verwirren. Er wies nach, dass Flügel nicht den wesentlichen Unterschied zwischen einem Falken und einem Flugzeug ausmachen, und dennoch zu erkennen ist, dass es keine Engel sind. Übrigens versprach er einen Brief an seinen Bischof zu schreiben, damit dieser einen von seinen Vorgesetzten und dieser seinerseits an den Papst schreiben könne, damit der endgültige Schiedsspruch von der allerhöchsten Instanz käme.

Seine Ermahnung fiel nicht in fruchtbare Herzen. Die Nachricht vom gefangenen Engel verbreitete sich mit solcher Schnelligkeit, dass nach wenigen Stunden Marktgeschrei den Hinterhof füllte, so dass ein Trupp mit aufgepflanzten Bajonetten gerufen werden musste, um den Menschenauflauf auseinanderzuscheuchen, der nahe daran war, das Haus einzureißen. Elisenda, die vom unablässigen Fortfegen der Marktabfälle einen krummen Rücken bekommen hatte, kam auf die gute Idee, den Hinterhof abzusperren und für die Besichtigung des Engels fünf Centavos Eintritt zu verlangen.

Es kamen Neugierige bis aus Martinique. Es kam ein fahrender Jahrmarkt mit einem fliegenden Akrobaten, der mehrmals über die Menge hinsummte, doch niemand achtete auf ihn, denn seine Flügel waren nicht die eines Engels, sondern die einer siderischen Fledermaus. Es kamen auf der Suche nach Heilung die unglücklichsten Kranken der Karibik: eine arme Frau, die seit ihrer Kindheit die Schläge ihres Herzens zählte, und der die Zahlen ausgegangen waren, ein Jamaikaner, der nicht schlafen konnte, weil ihn der Lärm der Sterne quälte, ein Schlafwandler, der nachts aufstand und die Dinge zunichte machte, die er im wachen Zustand hergestellt hatte, und viele andere weniger schwere Fälle. Inmitten dieses schiffbruchartigen Aufruhrs, der die Erde erbeben ließ, waren Pelayo und Elisenda glücklich vor Erschöpfung, denn in weniger als einer Woche stopften sie die Schlafzimmer mit Geld voll, und noch immer reichte die Schlange der Pilger, die auf Eintritt harrten, bis zur anderen Seite des Horizonts. Der Engel war der Einzige, der an seinem eigenen Ereignis nicht teilnahm. Die Zeit verging ihm, während er, benommen von der Höllenhitze der Öllampen und Opferkerzen, die sie längs des Drahtgitters für ihn aufstellten, in seinem geliehenen Nest Bequemlichkeit suchte. Anfangs versuchten sie ihn zum Essen von Mottenkugeln zu bewegen, die der Weisheit der weisen Nachbarin zufolge die besondere Nahrung der Engel waren. Er jedoch verschmähte sie, wie er, ohne sie zu kosten, auch die päpstlichen Mittagessen verschmähte, welche die Bußfertigen ihm brachten, und man erfuhr nie, ob er, weil Engel oder weil Greis, nichts anderes aß als Auberginenbrei. Seine einzige übernatürliche Tugend schien die Geduld zu sein. Vor allem in der ersten Zeit, als die Hühner nach ihm pickten auf der Suche nach Sternschmarotzern, die in seinen Flügeln wimmelten, und die Krüppel ihm Federn ausrissen, um ihre Gebresten damit zu bestreichen, und sogar die Barmherzigsten Steine nach ihm warfen, um ihn zum Aufstehen zu bewegen, damit sie seinen ganzen Körper sehen konnten. Ein einziges Mal brachten sie ihn aus der Ruhe, als sie seinen Rücken mit einem Brenneisen für Jungstiere sengten, weil er so viele Stunden reglos dagelegen hatte, dass sie ihn schon tot glaubten. Erschreckt fuhr er auf und belferte in seiner unverständlichen Sprache mit tränenblinden Augen und schlug ein paar Mal mit den Flügeln, wirbelte dabei Hühnermist und Mondstaub auf und versuchte ein panisches Gestürm, das nicht von dieser Welt war. Wenngleich viele glaubten, seine Reaktion sei nicht Zorn, sondern Schmerz gewesen, so hüteten sie sich fortan, ihn zu belästigen, weil die Mehrheit begriffen hatte, dass seine Teilnahmslosigkeit nicht die eines Helden im Genuss schöner Muße war, sondern die einer zur Ruhe gegangenen Sintflut.

Pater Gonzaga bot der leichtfertigen Menge mit Formeln häuslicher Erleuchtung die Stirn, solange ein abschließendes Urteil über die Natur des Gefangenen ausstand. Denn die Post aus Rom hatte die Dringlichkeit der Angelegenheit vergessen.

So vertrieben sie sich die Zeit damit zu prüfen, ob der Gefangene einen Nabel besaß, ob seine Mundart etwas mit dem Aramäischen zu tun hatte, wie viele Male er auf eine Nadelspitze passte oder ob er nicht schlichtweg ein Norweger mit Flügeln sei. Jene seltenen Briefe wären wohl bis ans Ende der Jahrhunderte hin- und hergegangen, hätte nicht ein Ereignis der Vorsehung den Anfechtungen des Gemeindepfarrers ein Ende gesetzt.

An jenen Tagen geschah es nämlich, dass unter vielen anderen Attraktionen der karibischen Wanderjahrmärkte im Dorf ein Monstrum von Frau zu sehen war, die wegen Ungehorsams ihren Eltern gegenüber in eine Spinne verwandelt worden war. Der Eintrittspreis für ihre Besichtigung war nicht nur geringer als der für den Engel, es war auch erlaubt, ihr jede Art von Fragen über ihre absonderliche Beschaffenheit zu stellen und sie von vorne bis hinten zu untersuchen, so dass niemand die Wahrheit des Entsetzlichen bezweifeln konnte. Sie war eine ungeheure Tarantel von der Größe eines Hammels und mit dem Kopf einer traurigen Jungfer. Aber nicht ihr aberwitziges Aussehen war das Herzzerreißendste, sondern die ernste Kümmernis, mit der sie die Einzelheiten ihres Missgeschicks erzählte. Fast noch ein Kind, hatte sie sich aus ihrem Elternhaus auf einen Ball gestohlen, und als sie durch den Wald heimkehrte, nachdem sie die ganze Nacht ohne Erlaubnis getanzt hatte, riss ein fürchterlicher Donnerschlag den Himmel in zwei Hälften, und durch diese Spalte stieß der Schwefelblitz herab, der sie in eine Spinne verwandelte. Ihre einzige Nahrung waren Fleischbällchen, die mildtätige Seelen ihr in den Mund stopften. Eine solche Erscheinung, beladen mit so viel menschlicher Wahrheit und derart abschreckender Beispielhaftigkeit, musste ungewollt die eines hochmütigen Engels übertrumpfen, der sich kaum dazu herabließ, die Sterblichen anzublicken. Überdies offenbarten die dem Engel zugeschriebenen kümmerlichen Wunder eine gewisse geistige Verwirrung, wie Wunder an dem Blinden, der zwar nicht sein Augenlicht wiedergewann, dem aber drei neue Zähne wuchsen, oder das an dem Lahmen, der zwar nicht wieder gehen konnte, aber drauf und dran war, in der Lotterie zu gewinnen, und das am Aussätzigen, in dessen Schwären Sonnenblumen sprossen. Diese Trostwunder, die eher wie spöttische Kurzweil wirkten, hatten dem Leumund des Engels bereits geschadet, als die in eine Spinne verwandelte Frau ihn gänzlich vernichtete. So wurde Pater Gonzaga auf immer von der Schlaflosigkeit geheilt, und Pelayos Hinterhof wurde wieder so einsam wie zu der Zeit, als es drei Tage lang geregnet hatte und die Krebse durch die Schlafzimmer liefen.

Die Hausbesitzer hatten keinen Grund zur Klage. Mit dem eingenommenen Geld bauten sie ein zweistöckiges Herrenhaus mit

Balkonen und Gärten und sehr hohen Netzen gegen die Krebse im Winter und mit Eisengittern vor den Fenstern, damit keine Engel eindringen konnten. Pelayo eröffnete in nächster Nähe des Dorfs eine Kaninchenzucht und verzichtete für immer auf seine armselige Stellung als Polizeidiener, und Elisenda kaufte sich hochhackige Satinschuhe und viele Kleider aus schillernder Seide, wie sie die begehrtesten Damen in jenen Zeiten an Sonntagen trugen.

Nur der Hühnerstall bekam keine Aufmerksamkeit geschenkt. Wenn sie ihn gelegentlich mit Kreolin auswuschen und in seinem Innern Myrrhenharztränen verbrannten, nicht zu Ehren des Engels, sondern um den Pestgestank des Misthaufens zu vertreiben, der schon wie ein Gespenst auswucherte und das neue Haus in ein altes verwandelte.

Anfangs, als das Kind gehen lernte, taten sie alles, damit es nicht in die Nähe des Hühnergatters geriet. Doch bald vergaßen sie ihre Befürchtungen und gewöhnten sich an den Pesthauch, und bevor das Kind die zweiten Zähne bekam, war es bereits zum Spielen in den Hühnerstall gekrochen, dessen vermodertes Drahtgeflecht zerfiel. Der Engel verhielt sich dem Kleinen gegenüber nicht weniger ablehnend als dem Rest der Sterblichen gegenüber, ertrug jedoch die erfinderischsten Niederträchtigkeiten mit der Langmut eines illusionslosen Hundes. Beide bekamen gleichzeitig Windpocken.

Der Arzt, der den Kleinen behandelte, widerstand nicht der Versuchung, den Engel zu auskultieren, und fand so viel Gepfeife im Herzen und so viele Geräusche in den Nieren, dass dieser seiner Meinung nach unmöglich noch am Leben sein konnte. Was ihn überdies verblüffte, war die Logik der Flügel. Sie erwiesen sich in diesem völlig menschlichen Organismus als so natürlich, dass man nicht begreifen konnte, warum andere Menschen nicht auch welche besaßen.

Als der Knabe zur Schule ging, hatten Sonne und Regen den Hühnerstall längst vernichtet. Der Engel schleppte sich wie ein herrenloser Sterbender hierhin und dorthin. Fegten sie ihn aus dem Schlafzimmer heraus, fanden sie ihn einen Augenblick später in der Küche wieder. Er schien an so vielen Orten gleichzeitig zu sein, dass sie auf den Gedanken kamen, er habe sich vervielfältigt, er wiederholte sich selbst über das ganze Haus hin, und die verbitterte Elisenda schrie außer sich, es sei ein Verhängnis, in dieser von Engeln gefüllten Hölle zu leben. Er konnte kaum mehr essen, seine Antiquarsaugen waren so trüb geworden, dass er gegen die Balken stieß, und nur die kahlen Schäfte seiner letzten Federn waren ihm geblieben. Pelayo warf ihm eine Decke über und ließ ihn mildtätig im Schuppen schlafen, und da merkten sie erst, dass er nachts fieberte und in zungenbrecherischem Altnorwegisch delirierte. Das war eine der seltenen Male, dass sie sich beunruhigten, weil sie dachten, er würde sterben, und nicht einmal die weise Nachbarin hatte ihnen sagen können, was man mit toten Engeln machte.

Er jedoch überlebte nicht nur seinen schlimmsten Winter, sondern wirkte bei den ersten Sonnenstrahlen auch viel munterer. Reglos verharrte er viele Tage im entlegensten Winkel des Hinterhofs, wo niemand ihn sah, und Anfang Dezember begannen an seinen Flügeln etliche große harte Federn zu wachsen, Vogelscheuchenfedern, die freilich eher wie neue widerwärtige Anzeichen von Altersschwäche wirkten. Er indes musste den Grund für diese Veränderungen kennen, denn er wachte eifrig darüber, dass niemand sie bemerkte, und dass niemand die Seemannslieder hörte, die er bisweilen unter den Sternen sang. Eines Morgens schnitt Elisenda für das Mittagessen Zwiebeln in Scheiben, als ein Windzug, der von der hohen See zu kommen schien, durch die Küche blies. Sie trat ans Fenster und überraschte den Engel bei seinen ersten Flugversuchen. Sie waren so schwerfällig, dass er mit seinen Fingernägeln eine Pflugspur im Gemüsebeet aufwarf und nahe daran war, den Schuppen mit den Schlägen seiner unwürdigen Flügel einzureißen, die im Licht ausglitten und keinen Halt in der Luft fanden. Doch dann gewann er an Höhe. Elisenda tat einen erleichterten Seufzer, ihretwegen und seinetwegen, als sie ihn über die letzten Häuser entschweben sah, wo er sich mit dem unheilvollen Geflatter eines altersschwachen Aasgeiers notdürftig in der Luft hielt.

Sie blickte ihm nach, als sie ihre letzten Zwiebeln aufgeschnitten hatte, und sie blickte ihm immer noch nach, als er nicht mehr zu sehen war, denn nun war er keine Last mehr in ihrem Leben und nur noch ein imaginärer Punkt am Horizont des Meeres.

VOLLENDUNG

John Henry Newman

FÜHR, LIEBES LICHT

Führ, liebes Licht, im Ring der Dunkelheit,
Führ du mich an!
Die Nacht ist tief, die Heimat ist noch weit,
Führ du mich an!
Behüte du den Fuß: Der fernen Bilder Zug
Begehr ich nicht zu sehn – ein Schritt ist mir genug.

Ich war nicht immer so, hab nicht gewusst
Zu bitten: Du führ an!
Den Weg zu schaun, zu wählen war mit Lust –
Doch nun: Führ du mich an!
Den grellen Tag hab ich geliebt, und manches Jahr
Regierte Stolz mein Herz trotz Furcht: Vergiss, was war.

Und morgendlich der Engel Lächeln glänzt am Tor,
Die ich seit je geliebt und unterwegs verlor.

Augustinus
LIEBEN UND LOBEN UNTER ENGELN

Und nun lasst uns sehen – Gott wolle uns dabei seinen Beistand nicht versagen –, was die Heiligen in ihren unsterblichen und geistlichen Leibern, in ihrem Fleisch, das nun nicht mehr fleischlich, sondern geistlich lebt, tun werden. Gewiss, die Wahrheit zu bekennen, ich weiß nicht, was das für ein Tun, oder vielmehr für eine Ruhe und Muße sein wird. Denn mit keinen lieblichen Sinnen hab ich's wahrgenommen. Wollte ich aber sagen, ich hätte es im Geiste, also in geistiger Schau wahrgenommen, ja, wie weit reicht denn, was ist denn unseres Geistes Schau, verglichen mit jener überschwänglichen Herrlichkeit? Denn da ist „der Friede Gottes", der, wie der Apostel sagt, „höher ist als alle Vernunft". Höher als welche Vernunft?

Doch wohl die unsere, vielleicht auch die der heiligen Engel, nicht jedoch Gottes. Wenn also die Heiligen im Frieden Gottes leben werden, leben sie sicherlich in dem Frieden, der über alle Vernunft ist. Dass er höher ist als die unsere, daran besteht kein Zweifel; wenn auch höher als die der Engel, sodass auch sie in den Worten „höher als alle Vernunft" einbezogen sind, ist das so zu verstehen, dass den Frieden Gottes, in dem Gott selbst ruht, zwar Gott erkennt, dass aber weder wir noch die Engel ihn ebenso erkennen können. Denn er ist höher als alle Vernunft, ausgenommen natürlich seine eigene. Doch da auch wir auf unsere Weise seines Friedens teilhaftig geworden sind und höchsten Frieden unter uns und mit ihm erlangen werden, soweit unser Höchstmaß reicht, so kennen ihn auf ihre Weise auch die heiligen Engel, die jetzt lebenden Menschen dagegen, so weit sie auch geistig fortgeschritten sein mögen, nur weit unvollkommener. Man muss bedenken, welch großer Mann es war, der sprach: „Unser Wissen ist Stückwerk, und unser Weissagen ist Stückwerk, bis das Vollkommene kommen wird" und „Wir sehen jetzt durch einen Spiegel im Rätsel, dann aber von Angesicht zu Angesicht". So sehen schon jetzt die heiligen Engel, die auch „unsere Engel" genannt werden. Denn der Macht der Finsternis entrissen und nach Empfang des Unterpfandes des Geistes in das Reich Christi versetzt, gehören wir schon zu den Engeln und leben zusammen mit ihnen in der heiligen und wonnevollen Gemeinschaft des Gottesstaates, über den ich nun schon so viele Bücher geschrieben habe. Die Engel Gottes sind also ebenso unsere Engel, wie der Christus Gottes unser Christus ist. Sie sind Gottes, weil sie Gott nicht verlassen haben; unser sind sie, weil sie uns nun zu Mitbürgern haben. Jesus, der Herr, aber sprach: „Sehet zu, dass ihr niemand von diesen Kleinen verachtet. Denn ich sage euch, ihre Engel im Himmel sehen allezeit das Angesicht meines Vaters im Himmel." Wie sie sehen, werden auch wir einmal sehen, aber jetzt sehen wir so noch nicht. Darum spricht der Apostel, wie vorhin bereits erwähnt: „Wir sehen jetzt durch einen Spiegel im Rätsel, dann aber von Angesicht zu Angesicht."

QUELLENNACHWEIS

Der Engel Gabriel stillt Mohammed, aus: Felix Karlinger (Hg.), Wundersame Geschichten von Engeln. Aus dem Spanischen von Felix Karlinger. Insel Verlag, Frankfurt a. M. 2000. © Felix Karlinger Erben.

Mascha Kaléko, An meinen Schutzengel, aus: Dies., In meinen Träumen läutet es Sturm. © 1977 by Deutscher Taschenbuch Verlag, München.

Hans Carossa, Eine Kindheit (Auszug). Insel Verlag, Frankfurt a. M. 1962. © Eva Kampmann-Carossa.

Cécile Ines Loos, Der Weihnachtsengel. © by Leonardo Loos, Basel.

Paul Konrad Kurz, Ein großes Flügeldach, aus: Ders., Ein großes Flügeldach. Verse mit Engeln. 2., erw. Aufl. Edition Toni Pongratz, Hauzenberg 1993. © by Paul Konrad Kurz.

Agnes-Marie Grisebach, Ein Engel?, aus: Dies., Eine Frau Jahrgang 13. © Fischer Taschenbuch Verlag in der S. Fischer Verlag GmbH, Frankfurt am Main 1991.

Charlotte Keyser, Gott braucht Menschen als Engel; zit. von Elisabeth Baden, in: Dies., Mitteilungsblatt des Pfarrfrauenbundes Neumünster, Nr. 92, 1984.

Fernando Botero, Verführung durch einen Schutzengel, aus: Ders., Bilder, Zeichnungen, Skulpturen. © 1986 by Prestel Verlag, München.

Stefan George, Als Engel nur beschauen (der ursprüngliche Titel des Gedichts lautet „Tagelied"), aus: Ders., Die Bücher der Hirten- und Preisgedichte, der Sagen und Sänge und der Hängenden Gärten (Sämtliche Werke in 18 Bänden, Band 3). Hrsg. von der Stefan George-Stiftung, Stuttgart. Bearb. von Ute Oelmann. Klett-Cotta, Stuttgart 1991.

Romano Guardini, Der Engel des Menschen, aus: Ders., Engel. Theologische Betrachtungen, 5. Taschenbuchauflage 2008. © Matthias-Grünewald-Verlag, Mainz, 49ff.

Hans Manz, Der Engel im Kirschbaum, aus: Der Bunte Hund, Nr. 30. Hrsg. v. Hans-Joachim Gelberg, Beltz Verlag, Weinheim und Basel 1991 (Programm Beltz & Gelberg, Weinheim).

Angelika Mechtel, Der Engel auf dem Dach, aus: Dies., Der Engel auf dem Dach und weitere Weihnachtsgeschichten. © 1989 by Loewes Verlag, Bindlach.

Gabriel García Márquez, Ein sehr alter Herr mit riesengroßen Flügeln, aus: Ders., Die Erzählungen. Aus dem kolumbianischen Spanisch von Curt Meyer-Clason. © 2008 Verlag Kiepenheuer & Witsch GmbH & Co. KG., Köln.

Neuausgabe 2014

© Verlag Herder GmbH, Freiburg im Breisgau 2014
Alle Rechte vorbehalten
www.herder.de

Gesamtgestaltung und Satz: Tina Lechner Grafik & Buchdesign, Stuttgart
Umschlagmotiv: Sir Edward Burne-Jones (1833–98),
An Angel Playing a Flageolet. © The Bridgeman Art Library
Bildmotive im Innenteil: © Dover Publications, Inc.

Herstellung: Graspo, Zlin

Gedruckt auf umweltfreundlichem, chlorfrei gebleichtem Papier
Printed in Czech Republic

ISBN 978-3-451-31243-4